La FIESTA del ESPÍRITU

Espiritualidad y celebración pentecostal

Darío López R.

Ediciones PUMA

La fiesta del Espíritu

Espiritualidad y celebración pentecostal
Darío López R.

© 2006 Centro de Investigaciones y Publicaciones (CENIP) – Ediciones Puma
Av. 28 de Julio 314, Int. G, Jesús María, Lima
Telf./Fax: (511) 423–2772
Apartado postal: 11-168, Lima - Perú
E-mail: administracion@edicionespuma.org
ventas@edicionespuma.org
Web: www.edicionespuma.org
Ediciones Puma es un programa del Centro de Investigaciones y Publicaciones
(CENIP)

Diseño de carátula: Salomé Sánchez
Diagramación: Hansel J. Huaynate Ventocilla

Salvo cuando se indique otra versión, las citas bíblicas corresponen a la versión
Reina Valera 1960.

Hecho el Depósito Legal en la Biblioteca Nacional del Perú N° 2006-9937
ISBN 9972-701-43-3

A los pioneros de la Iglesia de Dios del Perú
que aún están con nosotros: Juan Urbano,
Luis Ruiz, Juan Villanca, Clodoaldo Borges,
Miguel López. Modelos vivientes de servicio
fiel y comprometido al Dios de la vida.
Ejemplos concretos de misioneros desde
abajo.

CONTENIDO

PRÓLOGO

El crecimiento del movimiento pentecostal tanto en América Latina como en el resto del mundo durante el siglo pasado ha sido espectacular. Siendo un fenómeno global desde sus primeros años[1], observadores y estudiosos de lo que se conoce como la «tercera fuerza» del cristianismo, lamentaron que paralelamente al desborde de éste no se haya dado también un desarrollo de la teología y pneumatología pentecostales con la misma fuerza que su crecimiento numérico.

---

1   Se considera que el movimiento pentecostal moderno se origina en 1901, cuando Agnes Ozman recibió el don de lenguas en el Bethel Bible College, en Topeka, Kansas. Su expansión se inicia en 1906 con el avivamiento de la calle Azusa, Los Angeles, donde el pastor afroamericano William J. Seymour también dijo haber tenido la misma experiencia, historia que la revista *Los Angeles Times* publicó en primera plana en esos días. A partir de ahí este avivamiento dejó de ser la experiencia de una iglesia local para convertirse en el movimiento más dinámico y vivo que el cristianismo ha visto en el siglo pasado.

En un sentido, gracias a la monumental obra del teólogo suizo Walter J. Hollenweger, El pentecostalismo: Historia y doctrinas (Hollenweger 1976)[2], el pentecostalismo dejó de ser visto con sospecha pues este autor lo define como una manera diferente de ser cristiano. En general, esta apreciación ha servido para que las iglesias pentecostales ya no sean consideradas como «sectas» o grupos seudo-cristianos, sino que sean reconocidas como denominaciones pujantes cuyos miembros confiesan tener una experiencia extática con el Espíritu Santo, la que les faculta para moverse con facilidad en el campo de los dones y ministerios sobrenaturales; experiencia que un vasto sector evangélico desconoce o prefiere simplemente no hablar de ella.

En el contexto latinoamericano, autores pentecostales como Norberto Saracco, Carmelo Alvarez, Bernardo Campos, Juan Sepúlveda, Eldin Villafañe y otros, también han venido escribiendo distintos aspectos de la espiritualidad y la «pentecostalidad» de este sector del evangelicalismo, contribuyendo así a definir mejor su teología. Es en esta línea que podríamos ubicar *La fiesta del Espíritu*, nuevo libro de Darío López, que viene a llenar un vacío en la reflexión pneumatológica pentecostal.

Las tres secciones de esta obra —el culto, la presencia del Espíritu en el creyente y los dones espirituales— están hilvanadas con lo que podríamos llamar la «fe pentecostal», la cual se expresa en el quehacer diario del creyente en la comunidad donde se desenvuelve, así como también en su vida de servicio y adoración en la iglesia. Basándose en el recuento

---

2   Hollenweger creció en una iglesia pentecostal, pero más tarde se ordenó como pastor de la Iglesia Reformada Suiza. Su otro libro, *Pentecostalism: Origins and Developments Worldwide* (Hendrickson, 1997), es una secuencia del primero.

lucano, López analiza la intervención de la tercera persona de la Trinidad en diversos momentos de diferentes personajes bíblicos y acontecimientos de la primera iglesia, con el fin de comprender el actuar holístico del Espíritu Santo en el día de hoy. El resultado de esta intervención divina, más que marcas visibles de glosolalia y códigos de vestimenta y conducta, es una vida nueva que está conectada estrechamente con la «ruptura radical con los valores que informan y moldean el estilo de vida de la sociedad predominante».

En otras palabras, la espiritualidad pentecostal debe reflejarse en exigencias éticas puntuales, como dice el autor, tema que reviste mucha relevancia para la iglesia evangélica en general de América Latina en la actualidad, ya que en los últimos años hemos visto un exagerado énfasis en el llamado «poder» o «unción» del Espíritu, el cual está ocupando un lugar preponderante en las iglesias en desmedro de la santidad. Esta tendencia generalizada ha producido consecuencias negativas, al punto que muchos creen que puede haber «poder» sin santidad (o por lo menos sus prácticas así lo demuestran), o que la «unción» precede a la ética, ideas que minan los valores más fundamentales de la doctrina cristiana.

Darío López inicia su libro con el tema del culto, al que llama fiesta del Espíritu. López dice que hay cuatro rasgos distintivos que caracterizan esta celebración: la oración, el canto, el testimonio y la predicación. Existen muchos estudios sobre el culto pentecostal latinoamericano, siendo quizás el de Orlando Costas uno de los primeros de su tipo donde el misiólogo puertorriqueño resaltó el tono alegre, creativo y autóctono de su liturgia(Costas 1974)[3].

---

3 «La realidad de la iglesia evangélica latinoamericana», en *Fe cristiana y Latinoamérica hoy* (editor René Padilla). Buenos Aires: Ediciones Certeza, 1974. pp. 35–66.

En estos trabajos, como en *La fiesta del Espíritu*, se resalta el hecho de que el culto es clave para comprender la espiritualidad del pentecostalismo, pues la adoración a Dios es una experiencia que se inicia el día de la conversión y continúa a lo largo del caminar diario con el Señor, en una constante comunicación con El a través de la oración, la alabanza y la lectura de la Biblia. Así, el culto, no importa donde se realice, es un espacio donde se recrea y fortalece la fe, en un ambiente de alabanzas, testimonios, sanidades y el mensaje de Dios a través de la predicación.

Aparte del elemento comunitario, el culto también tiene una dimensión misiológica que nuestro autor resalta. López afirma que los pentecostales no son unos «cualquieritas» o «ninguneados» de la sociedad, sino embajadores de Dios puestos en el mundo para dar testimonio de la misión liberadora de Jesús a todos los seres humanos. En días cuando el culto evangélico se ha apropiado de la cultura mediática para convertirse en *show* y lugares de entretenimiento, hacemos bien en rescatar el propósito misiológico y escatológico del culto, donde Cristo debe ser exaltado como Señor y Dios por encima de los señores y dioses de la fama y del mercado que han hecho de las iglesias simples lugares de consumo religioso.

Darío López no habla en nombre de todos los pentecostales. Admite que habrá coincidencias con la manera en que otros pentecostales entienden la espiritualidad pentecostal, y que también habrá diferencias de opinión en algunos de los temas tratados aquí. El dice: «precisamente, las coincidencias o las diferencias de opinión sobre aspectos particulares de nuestra espiritualidad, antes que alejarnos mutuamente o provocar rupturas innecesarias, debería obligarnos a examinar con mayor cuidado nuestra experiencia a la luz de las Sagradas

Escrituras, para articular espacios de comunión en los que se haga visible la unidad del Espíritu y para corregirnos mutuamente en todas aquellas situaciones que afean nuestra presencia misionera en los marcos temporales en los que estamos situados».

Agradecemos a Darío López por *La fiesta del Espíritu* que llega como un aporte oportuno a la comunidad cristiana. Estoy seguro que pentecostales y no pentecostales por igual encontrarán en este libro una fuente de reflexión y acción desde su propia espiritualidad y peregrinaje con el Señor.

MIGUEL ÁNGEL PALOMINO
RECTOR DE LA FACULTAD TEOLÓGICA LATINOAMERICANA (FATELA)
MIAMI, OCTUBRE DE 2006

Prefacio

ertenezco desde hace tres décadas a una de las denominaciones más antiguas del movimiento pentecostal mundial (la Iglesia de Dios del Perú, cuya oficina internacional se encuentra en Cleveland, Tennessee, Estados Unidos). Sin embargo, no me aventuraría a afirmar que la manera como comprendo los temas que se abordan en el presente libro, refleja la perspectiva pentecostal. En verdad no pretendo exponer ni resumir todo lo que los miembros de la inmensa familia pentecostal que representa al sector más dinámico, creciente y vigoroso de la fe evangélica en el sur del mundo, afirma, enseña y proclama en los diversos espacios misioneros en los que está inmersa, dando testimonio del Dios de la vida y de su amor por la vida.

Más bien, lo que intento en estas páginas es dar cuenta de la manera como entiendo mi fe pentecostal y procuro vivirla cada día en los espacios sociales en los que la gracia del Dios Trino y Uno me ha colocado —así como ha colocado en otros marcos temporales a millones de sus discípulos a lo largo de la historia de la iglesia— para dar testimonio de *su luz admirable* (1P 2.9) y para dar *razón de la esperanza* que él ha puesto en nosotros (1P 3.15). En efecto, como ocurrió con los apóstoles (Hch 4.20; 22.15) en sus respectivos marcos temporales, los discípulos de Jesús de Nazaret están llamados a ser testigos-mártires de aquello que han visto y oído.

De eso se trata, no sólo de comunicar verbalmente un mensaje y escribir sobre las experiencias ajenas, sino de hablar y escribir sobre aquellas experiencias que el Señor en su inmensa misericordia les ha permitido disfrutar a lo largo de su peregrinaje cristiano. Como lo expresó tan bellamente el discípulo amado en su primera epístola: [...] *lo que hemos visto con nuestros ojos, lo que hemos contemplado, y palparon nuestras manos tocante al Verbo de vida [...] lo que hemos visto y oído, eso os anunciamos [...]* (1Jn 1.1, 3).

¿Significa esto que le estamos dando primacía a la experiencia sobre la Palabra? De ninguna manera. Lo único que quiero subrayar es que no hablo en nombre de todos los pentecostales y que no pretendo explicar la manera como todos ellos entienden la presencia del Espíritu, los dones espirituales y el culto. Sin embargo, admito que seguramente habrá coincidencias con la manera en que ellos entienden estos temas clave de nuestra espiritualidad, y reconozco que también habrá diferencias de opinión en algunos o varios de estos asuntos que son tan caros para nosotros.

Precisamente, las coincidencias o las diferencias de opinión sobre aspectos particulares de nuestra espiritualidad, antes que alejarnos mutuamente o provocar rupturas innecesarias, debería obligarnos a examinar con mayor cuidado nuestra experiencia a la luz de las Sagradas Escrituras, para articular espacios de comunión en los que se haga visible la unidad del Espíritu y para corregirnos mutuamente en todas aquellas situaciones que afean nuestra presencia misionera en los marcos temporales en los que estamos situados.

Temas críticos como el Espíritu Santo, los dones espirituales y el culto, jamás tendrían que ser razones para que se generen divisiones en el seno del pueblo de Dios. Que uno de nosotros dé a conocer su punto de vista sobre estos temas particulares, no significa que ese sea el único punto de vista posible, como tampoco quiere decir que sea el único abordaje válido. Pero tampoco se le debe rechazar sólo porque no coincide con nuestra aproximación al tema. En todos los casos, siempre será más prudente, humilde y necesario, examinar cada uno de estos puntos de vista a la luz de las Sagradas Escrituras, nuestra suprema autoridad en todo lo concerniente a doctrina y a conducta.

En ese sentido, los lectores pueden y deben examinar los diversos temas que se plantean en este libro, con una mente modelada, informada y transformada constantemente por la Palabra de Dios, siguiendo el consejo apostólico a los creyentes de Tesalónica: *Examinadlo todo; retened lo bueno* (1Ts 5.21). O, si lo prefieren, seguir el ejemplo de los oyentes de la ciudad de Berea quienes: [...] *recibieron la palabra con toda solicitud, escudriñando cada día las Escrituras para ver si estas cosas eran así* (Hch 17.11). Que así sea. Y que las páginas que siguen sean un valioso insumo para el diálogo fraterno.

Villa María del Triunfo, octubre de 2006

Darío López Rodríguez

Introducción general

Aunque todavía en ciertos sectores de la comunidad evangélica se considera que las iglesias pentecostales están enajenadas de su realidad histórica y que han limitado la conducta cristiana en la sociedad a la práctica de un rigorismo ético, la historia temprana de estas iglesias y la experiencia reciente, indica más bien que su espiritualidad puede ser definida como un estilo de vida (sentir, pensar y actuar) caracterizado por una «integración de las creencias y las prácticas en los afectos que son evocados y expresados por esas mismas creencias y prácticas» (Land 1997: 13)[4]. Los

---

4 La espiritualidad puede entenderse también como «un estilo de vida, una manera de ser y de hacerse discípulo de Jesús [...] una manera de pensar y actuar, de caminar según el Espíritu (Ro 8.4) [...] una manera de ser cristiano [...]» (Gutiérrez 1986: 14). O como señala otro autor: «Según nuestra definición personal que sintetiza el enfoque y la moral trinitarios [...] en obediencia a Dios, el seguimiento de Jesús en el poder del Espíritu» (Villafañe 1996: 145). Villafañe subraya también que «una

afectos pentecostales son las características innegociables de su identidad, que tienen un inmenso valor porque constituyen el núcleo de su experiencia espiritual cotidiana, las marcas permanentes de su presencia en el mundo y los ejes que vertebran y modelan su presencia pública en los distintos contextos históricos en los que ellos se encuentran dando testimonio de su pasión por el reino[5].

En efecto, la experiencia de estas iglesias en el sur del mundo demuestra que se trata de una pasión que los ha llevado a comprometerse con la defensa de la dignidad humana, con todos los riesgos que ese compromiso exige y que los compromete a luchar contra la pobreza en las sociedades excluyentes de este tiempo; una práctica que pone en tela de juicio los puntos de vista todavía presentes en ciertos círculos académicos, en los que se percibe tanto el mensaje y las propuestas teológicas de estas iglesias como una forma de «adormecer» o de «vaciar» la conciencia social de los pobres y de los excluidos; o que consideran a

---

espiritualidad auténtica y relevante debe ser integral y debe responder por igual a la dimensión vertical y horizontal de la vida [...] [ya que] toda espiritualidad verdadera es, en última instancia, amar a Dios y a nuestro prójimo como a nosotros mismos» (Villafañe 1996: 149).

5   Para Steven Land, los tres afectos pentecostales íntimamente relacionados entre sí, son los siguientes: Gratitud (alabanza y acción de gracias), compasión (amor y deseo) y valor (confianza y esperanza). Según este autor, los tres afectos mencionados se correlacionan tanto con la perspectiva sobre Dios, el reino y la salvación, como con las tres virtudes teológicas tradicionales de la fe, el amor y la esperanza, respectivamente (Land 1997: 138). Una simple observación de la experiencia de estas iglesias en América Latina, permite constatar que los tres afectos mencionados están presentes y confluyen en el culto, el espacio en el que se articula su teología oral-narrativa y en el que se expresa su amor por la vida y su protesta frente a las fuerzas de la muerte.

estas comunidades como simples espacios de «refugio» y de «supervivencia» para los inmigrantes que se encuentran sin lazos sociales ni referentes culturales en las ciudades que los acogen y en las cuales ellos se sienten huérfanos, extraños e incomprendidos.

Sin embargo, teniendo en cuenta el testimonio público actual de un significativo porcentaje de iglesias pentecostales localizadas en el sur del mundo, ya no se puede aceptar tan fácilmente la opinión de que ellas representan a un sector religioso pasivo socialmente o ingenuo políticamente, una suerte de justificadoras y defensoras a ultranza de regímenes autoritarios, una especie de «idiotas útiles» o de «masa de maniobra» para los grupos reaccionarios, o iglesias apocalípticas y milenaristas que han optado por diferir su vida al más allá y que viven de espaldas a su realidad histórica en una especie de apatía colectiva o de «huelga social».

Basta examinar con cuidado la experiencia de estas iglesias para darse cuenta de que constituyen sociedades alternativas que ponen en tela de juicio a las sociedades asimétricas de este tiempo, y que son comunidades de resistencia activa al imperio predominante, comunidades cuyo impulso misionero se fundamenta en su pasión por el reino de Dios y su justicia. Una pasión que impulsa a un número cada vez mayor de miembros de estas iglesias a dar testimonio del Dios de la vida en distintos marcos sociales, políticos y culturales, arriesgando incluso su propia seguridad física y teniendo una fidelidad insobornable que no elude el martirio, porque para ellos no son los dioses de este siglo los que tienen la última palabra en la historia, sino el Dios de la vida, que ama y defiende la vida de todos los seres humanos creados a su imagen.

En tal sentido, se puede afirmar que, para un número creciente de iglesias pentecostales, la vida en el Espíritu tiene un horizonte mucho más amplio que el de una ética rigorista que en otro momento las condujo a separar lo sagrado de lo profano, lo secular de lo religioso, lo material de lo espiritual, y la moral personal de la moral pública.

Una lectura contextual de la Biblia, unida a una toma de conciencia respecto a la realidad social y política en la que viven, ha hecho posible que el panorama sea un poco distinto en este tiempo. Sin embargo, queda todavía un largo trecho que recorrer y cuestiones críticas que deben resolverse; todo ello, ciertamente, desde el piso inconmovible de la Palabra de Dios e insertados en el mundo que es su parroquia o su campo de misión cotidiano. De lo que se trata, entonces, es de articular una agenda de misión integral que puede contribuir significativamente para que el pentecostalismo sea un vehículo colectivo de transformación social que, sin negar su identidad religiosa específica, coadyuve a cambiar radicalmente las relaciones humanas de exclusión y el rostro político de nuestros países corroídos por el cáncer de una corrupción sistémica que los mantiene postrados como simples accesorios o como simples factorías rentables del modelo económico predominante en la aldea global contemporánea.

Dentro de ese marco temporal concreto, la espiritualidad pentecostal no puede desligarse de un firme compromiso con la defensa de la dignidad humana, ya que amar la vida y defenderla constituye una forma de vivir en el Espíritu. Y el Dios de la vida, que ama y defiende la vida de los sectores sociales más vulnerables, exige que la comunidad del reino, como comunidad misionera escatológica, se comprometa con esa tarea que desacomoda a los acomodados de este mundo que tienen en sus manos el poder político, económico, militar y religioso, teniendo en cuenta que, como la historia de la iglesia cristiana lo demuestra, desafiar y enfrentarse a los círculos infernales de violencia, no constituye un buen negocio y demanda tener una fe indomable en Jesús de Nazaret encarnado, crucificado y resucitado.

Precisamente, esa es la cristología integral que caracteriza a las comunidades pentecostales, la cual les otorga ese aroma inconfundible que atrae a los millones de crucificados del mundo, quienes encuentran en las iglesias pentecostales comunidades afectivas y efectivas que convierten a las víctimas del sistema en misioneros y a los desesperanzados del mundo en visionarios. Aunque en los últimos años, debido a la fuerte influencia de la «especialización» del culto y de la «profesionalización» de los pastores que trajo consigo la avalancha carismática, han ocurrido cambios sustantivos en el contenido y la forma en que un creciente porcentaje de iglesias pentecostales celebran el culto, todavía puede afirmarse que el culto sigue siendo el laboratorio colectivo en el que se articula la teología de estas iglesias y el espacio común en el que se afirma su amor por la vida como un don de Dios por el que uno tiene que luchar cada día en un clima social en el que las fuerzas de la muerte pretenden tener la última palabra[6].

---

6   En palabras de un teólogo pentecostal: «[El culto] es el lugar de liberación personal de los creyentes y una afirmación de su *status* en la sociedad. Es el lugar de la vida social de los creyentes, atestiguado por la enorme cantidad de cultos que se celebran en el curso de la semana. Pero sobre todo, es el lugar de la manifestación del Espíritu; el creyente se encuentra con el Espíritu aquí como en ningún otro lugar» (Villafañe 1996: 131–132).

LA FIESTA
DEL ESPÍRITU

INTRODUCCIÓN

Desde su inserción en el escenario religioso mundial, las iglesias pentecostales de distinto trasfondo histórico, se caracterizaron por la alegría desbordante de sus cultos y por una ruptura radical con los patrones culturales y sociales de segregación racial y de marginación de su tiempo; una clara señal de rechazo al mundo y sus valores que hizo de los pobres y de los excluidos, protagonistas activos de la misión[7]. Sus cultos festivos, participativos y populares han sido, desde entonces, los espacios colectivos en los que se reúnen aquellos que los sectores dominantes han calificado y califican usualmente como los harapientos y los parias del mundo.

Aunque su composición social ha cambiado un tanto en las últimas décadas, ya que muchas iglesias pentecostales han experimentado un proceso de «adecentamiento» (pues sus miembros ya no son tan pobres como sus padres y abuelos) y se han hecho aceptables a la sociedad y son tratadas con beneplácito por quienes detentan el poder político, todavía la mayoría de los miembros de estas iglesias forma parte de los estratos pobres de la sociedad, y un alto porcentaje de

---

7   Este no es un análisis exhaustivo del culto pentecostal, las partes constitutivas del mismo o del papel de los pastores y de los líderes en el desarrollo de la reunión comunitaria. Lo que se describe son cuatro de sus rasgos distintivos que son los vehículos individuales y colectivos a través de los cuales se articula su propuesta teológica formulada en un lenguaje popular y utilizando la forma de comunicación propia de los pobres y de los excluidos: hablar sin mediación alguna y cantar de manera libre y espontánea.

ellas están localizadas en los cinturones de pobreza de las grandes urbes y en las zonas campesinas del sur del mundo. Y sus cultos siguen siendo todavía espacios colectivos inclusivos, el momento en el que los fieles se reúnen para dar testimonio de su identidad como pueblo de Dios en misión, y el piso común en el que los creyentes adoran libremente al Dios de la vida en un clima de fiesta generado, animado y sustentado por el Espíritu[8].

¿Qué se transmite en sus cultos? ¿Qué ocurre durante sus tiempos de reunión colectiva en los que el canto, la oración, el testimonio y la predicación son ingredientes infaltables que le dan un sabor especial a ese tiempo de comunión intensa tapizado de alegría, lágrimas, abrazos, sonrisas, manos levantadas, gritos de júbilo y silencio reverente?

A lo largo de todos estos años, cuatro rasgos distintivos han articulado y modelado el culto de estas iglesias, valorado y celebrado como **La fiesta del Espíritu**: La oración ferviente y espontánea, el canto alegre y festivo, el testimonio cotidiano y la predicación apasionada.

La oración ferviente y espontánea da cuenta de la intensidad y de la novedad de su compromiso con Dios. Un compromiso que está conectado con las preocupaciones de cada día, con los problemas sociales y políticos inmediatos y con todas las necesidades humanas, porque el Dios con el

---

8 Las manifestaciones del Espíritu, como el hablar en lenguas extrañas y la profecía o discurso inspirado, son normales —no hechos extraños o fuera de lo común— en el culto de estas iglesias. Estas dos formas de hablar dan cuenta de la naturaleza inclusiva de las iglesias pentecostales. Naturaleza inclusiva que cuestiona los patrones culturales de exclusión que caracterizan a las sociedades humanas.

cual dialogan —y de cuya inmediatez no dudan en ningún momento— camina al lado de ellos en todo tiempo.

El canto alegre y festivo expresa tanto una inmensa gratitud al Señor por sus innumerables favores como una afirmación colectiva de su esperanza inquebrantable en el poder liberador del Dios de la vida, dentro de una sociedad marcada por la miseria, la muerte y la violencia. El testimonio cotidiano traduce la existencia de una relación fresca y continua con Dios en cada circunstancia de la vida humana. Expresa una comunión constante con el Dios de la vida en cada tramo y en cada espacio de su peregrinaje espiritual. Esto explica por qué un creyente pentecostal afirmaría públicamente de manera espontánea: *Yo sé que el Señor su mano ha puesto en mí*. Y afirmaría también: *Por la gracia de Dios soy una nueva criatura*. O afirmaría: *Yo no era nadie. Pero el Señor me salvó y me transformó*.

La predicación apasionada indica que entienden su vocación misionera como una tarea indeclinable cuya urgencia no se discute, porque se trata de un encargo innegociable que los impulsa a proclamar en todo tiempo el evangelio completo, el evangelio del reino, el evangelio quíntuple: Cristo Salvador, Sanador, Santificador, Bautizador con Espíritu Santo, y Rey que viene otra vez (Faupel 1996: 28–30; Land 1997: 18)[9]. Evangelio completo que constituye

---

9   Otros autores dirían que más bien el patrón cuádruple: Cristo Salvador, Santificador, Sanador y Rey que viene, «parece representar adecuadamente la tradición común del pentecostalismo» (Míguez 1995: 65). Aquí se tiene que precisar que, aunque Míguez cita a Donald Dayton para apoyar su punto de vista sobre el patrón cuádruple (Miguez 1995: 65), parece equivocarse en su comprensión de la perspectiva de este autor, para quien el patrón cuádruple sería más bien: Cristo Salvador, Bautizador

no solamente el corazón teológico del pentecostalismo, sino también una plataforma de acción mediante la cual se expresa tanto su similitud como sus diferencias con las otras ramas del cristianismo (Thomas 2004: x).

---

con el Espíritu Santo, Sanador y Rey que viene (Dayton 1991: 9-10). Lo que refleja más adecuadamente el piso común que caracteriza a todos los pentecostales. Esto es así porque todos los pentecostales afirman que Cristo bautiza con Espíritu Santo, precisamente, un punto medular que está ausente en el planteamiento de Míguez.

Además, sobre el patrón cuádruple, Dayton afirma que: «Aunque el patrón de los cinco puntos es históricamente anterior y por lo tanto merece nuestra atención, el patrón de los cuatro puntos expresa con más claridad y de manera más transparente la lógica de la teología pentecostal. Más aún, al estar contenida dentro del patrón más complejo, posee el derecho de ser considerada, sino históricamente, al menos lógicamente anterior al patrón de los cinco puntos. Estos cuatro puntos son prácticamente universales dentro del movimiento y aparecen [...] en todas las ramas y variedades del pentecostalismo, mientras que el tema de la santificación total es en última instancia característico tan sólo de la rama de la santidad» (Dayton 1991: 9).

1
El culto como fiesta

Teniendo en cuenta el calor y la dinámica de sus reuniones colectivas, como ya se ha señalado en otro momento, resulta bastante apropiado referirse a los cultos de estas iglesias como **La fiesta del Espíritu**, ya que en estos espacios de encuentro con el Dios de la vida, la espontaneidad y la alegría, el compañerismo y la mutua aceptación, el libre acceso y la recuperación de la Palabra, le otorgan precisamente ese sabor de fiesta y ese aroma característico de encuentro de amigos entrañables, de compañeros de ruta, de reunión familiar, que tiene la fiesta en el contexto de América Latina. Al respecto, un destacado teólogo pentecostal señala que «el papel de la fiesta en la cultura y la sociedad latinoamericana es profundamente significativo» (Villafañe 1996: 22). Y precisando que se trata de «un maravilloso sentido de comunidad que celebra la vida por medio de la fiesta», subraya también que:

> [...] mezclada con la experiencia de la opresión, la dominación y la lucha por la mera supervivencia, la

fiesta —con juegos y rituales, música y danza, comida y familia— habla elocuentemente de la alegría, la esperanza y la vida (Villafañe 1996: 23).

Para Harvey Cox, «la fiesta representa un momento en que la cultura popular y la cultura dominante, premoderna y moderna, entran en abierto conflicto» (Cox 1984: 238). Y según este teólogo:

[...] las elites culturales, incluidas las religiosas, casi siempre consideran las fiestas como algo peligroso, porque generan una energía que no es posible detener y desencadenan pasiones que no son fácilmente controlables (Cox 1984: 238).

Teniendo en cuenta estas opiniones sobre el sentido de la fiesta en el mundo de los pobres y de los excluidos, parece acertada la perspectiva de Elida Quevedo, para quien el culto pentecostal:

[...] se convierte [...] en un jubileo cristiano, donde el gusto por la vida prevalece ante todo lo que hacemos. Esto es posible gracias a la acción de su Espíritu. El Espíritu de Dios vuelve al culto una Fiesta. En esta Fiesta reina la alegría; en esa fiesta los abrazos y gestos humanos acompañan el canto, la intercesión mueve la solidaridad, provocando muestras de cariño, la proclamación reanima la esperanza, ofrendar es un acontecimiento feliz, porque hasta el más humilde y pobre puede entregar sus dones. El afecto y la ternura se comparten, se suelta la lengua, se desatan las inhibiciones, las emociones se liberan, los sentimientos afloran, los sentidos se llenan del poder del Espíritu, todo se vuelve fiesta. Fiesta que reúne a los pobres, fiesta que celebra el amor, la justicia, la paz, la hermandad, la solidaridad. A través de esta Fiesta, Dios recrea la fiesta del mundo, volviéndolo más humano y más libre (Quevedo 1999: 78).

Pero se tiene que precisar también que el culto está relacionado íntimamente con la forma como los pentecostales entienden la comunidad de fe o la iglesia, el discipulado y la ética, las que a su vez se reflejan y convergen en el culto entendido y valorado como **la fiesta del Espíritu**. Esa es la razón por la que antes de tratar sobre los aspectos distintivos del culto de estas iglesias, resulta apropiado comenzar precisando cómo se entiende la comunidad de fe, la forma en que se forja a los discípulos dentro de esa comunidad de fe, y la comprensión que tienen de la ética como una dimensión insoslayable de su testimonio individual y colectivo.

Todo esto indica que el culto es el espacio común de producción teológica de la comunidad pentecostal; y que el substrato teológico básico de estas iglesias no se encuentra necesariamente en sus centros de formación pastoral, en las burocracias denominacionales, en los círculos académicos o en las bibliotecas especializadas, sino en la experiencia cotidiana de los creyentes «de a pie» que cada día hacen teología, una teología forjada en el camino y que converge en el tiempo de culto común. Como lo señaló hace varios años atrás un distinguido teólogo para el caso de las iglesias evangélicas latinoamericanas: «el culto es el reflejo más claro de la teología de la comunidad de fe» (Costas 1975: VIII).

2

LA COMUNIDAD PENTECOSTAL

La comunidad pentecostal puede ser definida como una sociedad alternativa o como una contracultura en la que más que una protesta simbólica contra los poderes de este siglo —políticos, económicos, sociales e incluso religiosos— que ejercen dominio y violencia, se gesta una nueva humanidad que con su naturaleza inclusiva y con su práctica liberadora y concientizadora, desacomoda a los acomodados de este mundo que no ven con buenos ojos la fiesta de los pobres y de los oprimidos[10].

---

10 Aunque para otros observadores no pentecostales: «[...] la religiosidad pentecostal es un hecho cultural con toda su complejidad profano-religiosa. Son experiencias religiosas que brotan desde una experiencia de opresión, buscando, a través de gestos, música, alegría, manifestar su protesta social. Esta protesta social es casi siempre una protesta inconsciente. Es una protesta simbólica contra una sociedad hostil que no permite una plena realización humana, y ofrece solo la agobiante inseguridad social y económica» (Álvarez 1992: 90).

En otras palabras, el solo hecho de que en las comunidades pentecostales los excluidos por el sistema predominante recuperen la capacidad de hablar públicamente mediante la oración, el canto, el testimonio y la predicación, ya constituye en sí misma una clara señal de que algo nuevo ha comenzado y de que se está forjando una nueva sociedad en la que desaparecen todas las diferencias que separan a los seres humanos[11]. La comunidad pentecostal se constituye así en una comunidad de resistencia activa en la que los fieles adquieren conciencia de su valor y dignidad como personas y en un movimiento de redención social que convierte a las víctimas del sistema predominante en misioneros, y a los desesperanzados del mundo en visionarios que miran más allá de la relatividades del tiempo presente.

El Dios Trino y Uno confesado, exaltado y anhelado en el culto, y que se presenta como Padre de todos en un mundo lleno de huérfanos de afecto solidario, como Señor que exige obediencia incondicional en una sociedad en la que los señores terrenales reclaman lealtad absoluta, y como Espíritu que empodera a los crucificados por el sistema y que forja mártires de la vida, crea una nueva sociedad que con su estructura interna en la que desaparecen todas las relaciones sociales asimétricas y con sus acciones públicas que afirman el derecho de los excluidos a existir en una sociedad que los expectora abusivamente, denuncia el carácter efímero de todos los reinos humanos. ¿Por qué es

---

11 Juan Sepúlveda precisa que en el pentecostalismo todos son a la vez productores calificados y consumidores del discurso religioso. Por tanto, ofrece a los sencillos una experiencia religiosa en que pueden ser sujetos y no meros objetos. Y subraya, además, que el pentecostalismo ofrece un tipo de comunidad abierta, acogedora y participativa (Sepúlveda 1992: 86).

así? Porque el Espíritu Santo, cuando desciende sobre los desheredados del mundo que tienen a Dios como Padre y que reconocen a Jesús como Señor, iguala a todos los creyentes, los nivela en un marco histórico caracterizado por relaciones sociales asimétricas, los incluye en un medio que excluye injustamente a los pobres y a los indefensos, tratándolos como basura humana y como desecho social.

Pero eso no es todo, ya que, además de una democratización de la palabra y una recuperación de la ciudadanía, germinan nuevas formas de comunicación social y una propuesta teológica que tiene como eje transversal de su discurso oral o de su narrativa —expresado en la oración, el canto, el testimonio y la predicación— la afirmación de la dignidad de todos los seres humanos como creación de Dios. Mediante el canto, la oración, el testimonio y la predicación, hablan de un Dios que camina a su lado en todo tiempo y que peregrina con ellos en los vaivenes de la jornada cotidiana.

En tal sentido, se puede afirmar que en la comunidad pentecostal se da una democracia en el Espíritu y que ella es una señal visible de la comunidad del reino en la que todos son valorados y tratados como imagen de Dios cuya dignidad no se menoscaba, una comunidad en la que desaparecen todas las barreras que separan y dividen a los seres humanos, un signo visible de la novedad de vida que es el correlato de la irrupción del reino de Dios en la historia cotidiana de los seres humanos de carne y hueso.

Sin embargo, todo lo que se ha afirmado hasta este momento, ¿refleja lo que realmente ocurre en las comunidades pentecostales de este tiempo? ¿O forma parte de un pasado que sólo se preserva en la memoria histórica de un pueblo cuya crisis de identidad galopa entre el acomodo a la omnipresente aldea global contemporánea y el coqueteo irresponsable con los predicadores de la moderna religión de consumo que sueña con construir el reino de Dios en la tierra con su fórmula mágica «nómbralo-reclámalo» y con su eslogan «Dios nos ha llamado para ser cabeza y no cola»?

Más allá de esa preocupante crisis de identidad que cruza a todas las denominaciones, tanto del llamado pentecostalismo clásico como del pentecostalismo nacional o criollo, todavía subsisten dentro de estas iglesias sectores que no se han olvidado de su pasado radical y de su herencia contestataria, y que siendo una comunidad alternativa que ama y defiende la vida en sus marcos históricos temporales, todavía ven al cielo prometido como su hogar común, como el punto de reunión de todos los creyentes, y como el espacio de celebración de los redimidos de todo el mundo. Pero, se debe precisar que esto no significa que se han olvidado de que viven en marcos temporales concretos en los que deben proclamar con palabras y hechos todo el evangelio a todos los públicos humanos.

Y así, habiendo aterrizado en su campo de misión concreto y dando señales visibles de que no han sido secuestrados de la historia y de que su mente no ha sido taladrada con una religión escapista que infecta la conciencia colectiva y que los desmoviliza social y políticamente, no se avergüenzan de confesar públicamente que son peregrinos en esta tierra (1P 2.11) y que anhelan el momento en el que la nueva creación será una realidad concreta, porque esperan la ciudad que tiene fundamentos cuyo arquitecto y constructor es Dios (He 11.10), así como un cielo y una tierra nueva en el que mora la justicia (2P 3.13). ¿Es esto una estupidez colectiva, un instrumento de dominación que los descerebra paulatinamente o un discurso religioso trasnochado? No es así. Es más bien una afirmación de que las utopías humanas tienen límites precisos y de que el reino de Dios tiene como horizonte la transformación radical de todas las cosas.

3
EL DISCÍPULO PENTECOSTAL

Aunque no existen en la inmensa mayoría de las comunidades pentecostales programas finamente elaborados de formación cristiana o de discipulado para los nuevos convertidos y para los miembros, la transmisión de los contenidos básicos de la fe y la provisión diaria para el camino que se tiene que recorrer, se da en el diálogo de tú a tú entre los creyentes, durante las predicaciones en los cultos y en los espacios formales de enseñanza como la Escuela Dominical. La producción teológica colectiva se da en estos espacios. En tal sentido, se puede afirmar que los discípulos se forjan en el camino, dando testimonio del poder de Dios en acción en la historia cotidiana, escuchando y transmitiendo lo escuchado en la ruta que se camina día a día, encontrándose con su Señor en la lectura y meditación de la Palabra, dialogando con Dios en la oración personal y comunitaria, y cantando con gozo en medio del camino que se recorre cada día, aunque ese camino sea en ocasiones áspero, peligroso y violento.

Los discípulos se forjan en la misión y para la misión, porque desde el momento de su conversión, tienen una historia que contar, una biografía espiritual que compartir, un testimonio que comunicar, y se ven a sí mismos como misioneros de Dios cuya palabra debe discurrir por todas las avenidas del mundo[12], ya que el fuego del Espíritu que arde en su corazón, les impulsa a compartir el evangelio eterno, el evangelio completo, con todos aquellos que se cruzan en su camino.

El discípulo pentecostal no necesita una credencial oficial que lo acredite como misionero, una ceremonia especial en la que se le encomiende a la misión o un entrenamiento formal en un centro de capacitación misionera transcultural. La credencial es su propia vida transformada por el poder de Dios y el motor para la misión es el fuego del Espíritu, quien moviliza toda su vida en adoración y gozo permanente. Y, por eso mismo, incansablemente hace uso de la palabra —uno de los bienes que los poderosos no le han robado ni secuestrado— para que otros escuchen lo que ha visto y oído (Hch 4.20). En el servicio al Dios de la vida que le ha dado una nueva vida, su teología se va articulando, su testimonio cruza todas las fronteras misioneras, y en su diaria confrontación con las fuerzas de la muerte, su compromiso se va galvanizando.

El discípulo pentecostal ya no es una «piltrafa humana», un simple «dato estadístico» sobre los índices de pobreza,

---

12 Juan Sepúlveda puntualiza que el camino de salvación que propone la experiencia pentecostal es comunicado mediante el testimonio, propone un sentido de vida que responde eficazmente a la crisis autobiográfica o de sentido de los sectores populares (Sepúlveda 1992: 87).

parte de la «basura social» que el mercado expectora cada cierto tiempo, ni una «pieza desechable» de la sociedad de consumo. Ahora es un hijo de Dios que ha experimentado el poder de Dios actuando en la historia. Es un misionero que tiene un mensaje urgente que comunicar. Mensaje en el que se proclama que en Jesús de Nazaret, Dios está transformando todas las cosas y que, por eso mismo, ese mensaje les resulta incómodo a los acomodados de este mundo.

¿Cuánto de lo señalado sigue siendo cierto en la experiencia de los discípulos pentecostales de este tiempo? ¿La seducción que ejerce la sociedad de consumo y las ofertas religiosas de aquellos que pregonan el fin de las denominaciones, no estará generando patrones de conducta individual y colectiva ajenos a la enseñanza bíblica, y distantes de su herencia teológica específica? ¿Qué discurso religioso están consumiendo los miembros de las iglesias pentecostales y qué literatura está informando o formando —y quizás deformando— su mentalidad y su testimonio?

La teología pentecostal forjada en situaciones históricas críticas, con el culto como su laboratorio y como su piso común, parece que necesita una urgente «reingeniería» para que su herencia no se pierda y para que los jóvenes y los niños no dejen de profetizar bajo el impulso del Espíritu, perdiendo así su condición de contracultura que alborota la *polis* o ciudad y que transtorna la *oikumene* o la tierra habitada, hasta que el Rey de reyes y Señor de señores retorne con poder y con gloria. Pero, ¿será posible preservar esa herencia en un contexto histórico en el que la moderna religión de consumo con los «malls» como sus catedrales, las «fast food places» como sus templos, las «bank account» como rito de iniciación, las «credit card» como certificado de membresía, las «cabinas de internet» como lugares oración y los «gyms» como centros para la práctica de la disciplinas espirituales, parece estar imponiéndose en el mundo?

4

LA ÉTICA PENTECOSTAL

Con frecuencia se ha señalado que el rigorismo ha sido el piso sobre el que se construyó el edificio de su ética. Ese rigorismo, así se subraya, limitó la santidad a la indumentaria y a la estética de las mujeres, y el testimonio público a un conjunto de prohibiciones, castrando así la conciencia social y política de los creyentes y pulverizando todo intento de participación en la vida pública.

Puede ser cierto que en muchos casos ese rigorismo ético produjo creyentes enajenados de su entorno histórico y una suerte de «idiotas útiles» que legitimaron y sacralizaron regímenes opresivos en distintos contextos históricos. Sin embargo, puede ser cierto también que ese rigorismo ético, separando los prejuicios que pueden haber estado detrás de esa propuesta, apuntaba a delimitar claramente la frontera entre el estilo de vida mundano y el estilo de vida del reino de Dios. Y que, más allá de los prejuicios que resultaron en una separación del mundo que los convirtió en una suerte de «refugio de las masas» o en «extraños» en su propia tierra, indiferentes a los problemas sociales y políticos de su entorno de misión, fue una forma de protesta contra una permisividad mal entendida que desdecía la doctrina bíblica de la santidad y que confundía la santidad con el relajo moral.

¿Dónde se elabora o se articula la ética básica que tienen que informar, formar y transformar la conducta de los creyentes y el testimonio público de la comunidad pentecostal? Una primera explicación está en la relación cara a cara de los creyentes que mutuamente se pastorean o cuidan, se enseñan y comparten lo que Dios está haciendo en su vida. La otra explicación está en el culto, el cual es el espacio común en el que se transmiten los contenidos de la fe y se explica la relación que esos contenidos tienen con el camino de cada día.

El culto se constituye, entonces, en una suerte de espacio de aprendizaje y de laboratorio común en el cual se forja y se modela la conducta que se espera que el discípulo tenga en cada lugar en el que él camina como ser humano de carne y hueso. Y se trata de un espacio en el cual, más que enseñarle un manual de prohibiciones, se le enseña a sentir, pensar y actuar bíblicamente en todo tiempo, para que ya no sean unos despistados sociales, unos ingenuos en los asuntos políticos o una masa de maniobra que el sistema aplaude porque valida con su silencio, su pasividad, su tolerancia y su indiferencia, el engranaje del poder de los señores temporales.

Lo señalado previamente puede explicar por qué la comprensión de la ética social, una ética que se desprende de una comprensión más bíblica de la dimensión pública de la santidad, parece ser bastante diferente actualmente. Esto es así porque existen sectores del movimiento pentecostal que en situaciones sociales y políticas altamente críticas, fueron descubriendo que la defensa de la dignidad humana formaba parte de la misión de la iglesia y que constituía una forma legítima de vivir en el Espíritu. O que en realidades históricas de desmantelamiento paulatino de la legalidad democrática, comprendieron que la defensa del Estado de derecho representaba una forma de dar testimonio de su amor por la vida[13].

Lo mismo se puede afirmar con respecto a la presencia cada vez más visible de mujeres pentecostales que insertadas en los movimientos sociales luchan día a día, junto con otras mujeres, contra la pobreza y la falta de oportunidades en una sociedad estamental que ha condenado a los pobres al basural de la historia. Estas experiencias indican que ya no se puede sostener que todos los pentecostales son partidarios de una «huelga social» o que estas iglesias son simplemente espacios de desmovilización social, ya que actualmente existe un número mayor de creyentes y de iglesias cuya comprensión de la ética incluye la dimensión pública de esta, no como un mero apéndice a un recetario de doctrinas asépticas, sino como un estilo de vida que se expresa en acciones concretas de servicio al prójimo, de lucha por la justicia y de defensa de la dignidad humana.

---

13 Para mayor información sobre la presencia de creyentes pentecostales en los movimientos sociales, en la lucha contra la pobreza y en la defensa de la dignidad humana, ver los libros Pentecostalismo y Transformación Social (López 2000) El Nuevo Rostro del Pentecostalismo Latinoamericano (López 2002) y La Seducción del Poder (López 2004).

5

EL CULTO PENTECOSTAL

Los cultos pentecostales son fiestas, celebraciones colectivas en las cuales todos los participantes son sujetos activos, actores centrales, y en las que todos los creyentes reciben la gracia de Dios y comparten esa gracia con naturalidad y alegría[14]. Cuatro son los rasgos distintivos del culto de estas iglesias, los cuales delinean su espiritualidad enraizada en una relación fresca y continua con el Dios de la vida, cuyo poder liberador los ha convertido, no en unos «cualquieritas» o en los «ninguneados» de la sociedad, sino en embajadores de la vida puestos en el mundo para dar testimonio en el poder del Espíritu de la misión liberadora de Jesús a todos los seres humanos.

---

14 Desde la perspectiva de un atento observador: Su estilo de culto es espontáneo y no se ciñe a un orden escrito. Además es participativo, ya que cualquiera puede orar en voz alta, profetizar o alabar al Señor. Es decir, para ser participante no se necesita saber o leer o tener educación (Escobar 1999: 75).

Los cuatro rasgos distintivos que dan cuenta de su espiritualidad y que articulan su propuesta teológica, propuesta forjada colectivamente en el seno del culto, son los siguientes:

1. La oración

La oración pentecostal no es un extenso monólogo desabrido ni una forma de meditación trascendental orientada a desinfectar la conciencia religiosa del individuo o de una comunidad. Tampoco una forma de secuestro ideológico que los aliena de su realidad histórica de violencia, miseria, opresión y exclusión. No es así. La oración pentecostal es un diálogo con Dios, un encuentro íntimo con el Padre Celestial, una expresión de amistad con el dueño de la vida. Es una disciplina espiritual clave para el crecimiento en la fe y para el peregrinaje en el mundo, cuya práctica tiene que ser fresca, espontánea y cotidiana. En tal sentido, no se trata de un ejercicio espiritual privatizado, una práctica religiosa desconectada del contexto histórico, una expresión de resignación, un mecanismo de evasión de la realidad, un instrumento de desmovilización social y política, o un sedante colectivo que los desconecta del marco temporal concreto en el que están situados como seres humanos de carne y hueso.

La oración Pentecostal no ignora ni evade los distintos problemas cotidianos. Más bien, confiando en el poder liberador del Dios de la vida, la oración traduce una absoluta confianza en su constante guía, protección y sustento. Así, antes que un mero ejercicio espiritual o una actividad religiosa ingenua y despistada, la oración es un acto espiritual inteligente en el cual se refleja su fe insobornable en Dios como Dios de la vida, Señor de la historia y Sustentador del Universo. Así, cuando un creyente pentecostal ora en su casa o en el templo, cuenta su historia, narra su experiencia, expresa sus anhelos y su esperanza, y articula teológicamente su comprensión de Dios como el Dios de la vida que le acompaña continuamente en su peregrinaje y que le empodera para hacer frente a las violencias de cada día.

2. El canto

El canto alegre y festivo, espontáneo y expresivo, constituye uno de los ingredientes infaltables en el culto pentecostal. La fiesta del Espíritu no estaría completa si en ella el canto estuviera ausente o almacenado en la memoria como un simple dato del pasado. Una nota característica del pueblo pentecostal, conformado mayoritariamente por familias pobres y por los llamados sobrantes de la sociedad, es precisamente el ambiente de fiesta de sus reuniones colectivas. Allí todos son actores y protagonistas activos. Varones y mujeres de todas las edades, cantan con gozo desbordante y profunda gratitud, dándole al culto comunitario el sabor inconfundible de una fiesta animada y controlada en todo momento por el Espíritu.

¿Por qué los pobres y los sectores sociales considerados como desechables cantan con gozo y gratitud a pesar de las condiciones infrahumanas en la que viven? ¿Por qué el dolor y el sufrimiento no han logrado abatirlos ni derrotarlos? ¿Cuál es la fuente de donde brota la fuerza de su canto alegre y festivo? Para los miembros de las iglesias pentecostales, el canto es un vehículo de liberación cuya fuente inagotable es la presencia vivificadora del Espíritu Santo. A los pobres y a los excluidos les pueden robar todas las posesiones materiales y condenarlos al ostracismo social y al estercolero de la historia; pero su canto alegre y festivo, no puede ser ni arrebatado ni secuestrado por los poderosos de este mundo, porque el poder liberador del evangelio y su efecto transformador, no está limitado por las condiciones materiales adversas en la que se encuentran los creyentes.

El canto de los pobres y de los excluidos no tiene fronteras ni depende de las circunstancias, puesto que se trata de un canto de liberación que no está atado a ningún factor humano que limita o que castra su poder transformador. Es un canto que nunca está encadenado ni preso. Esto es así porque la fuente inagotable de la que brota ese canto, no se encuentra en ninguna realidad ni poder humano. La fuente inagotable de la que discurre un canto fresco y festivo es la presencia del Espíritu Santo, que transforma incluso la adversidad y las sombras de muerte, en un canal de liberación. El canto se constituye así en una forma de protesta individual y colectiva frente a los señores terrenales y en una forma concreta de poner en tela de juicio el poder de los señores terrenales.

El canto de la comunidad pentecostal es un canto de liberación, porque al proclamar públicamente el señorío universal de Jesucristo, cuestiona el poder de los señores temporales así como la pretensión que ellos tienen de poseer la última palabra en la historia de los pueblos. Cuando los pentecostales cantan al Dios de la vida, están proclamando que únicamente Él es el Rey de reyes y Señor de señores. Esto es así porque su canto expresa la libertad que tienen en el Señor que los ha liberado de todas las opresiones, y da cuenta de la fe inquebrantable e inconmovible que tienen en el Dios de la vida.

Nadie ha podido arrebatar —ni puede hacerlo— la alegría de su canto y el ambiente de fiesta en el cual se expresa este discurso teológico no formal que da cuenta de la cotidianidad de su compromiso con Jesús de Nazaret encarnado, crucificado y resucitado. Y en ese canto se refleja su situación presente, que la asumen con realismo antes que con una simple resignación desmovilizadora, sus expectativas sociales y sus anhelos políticos temporales, así como su esperanza en un cielo y en una tierra nueva en la que more la justicia (2P 3.13) y en la cual ya no habrá muerte, ni habrá más llanto ni clamor ni dolor (Ap 21.4).

3. El testimonio

Los pentecostales, de su examen de la Sagrada Escritura, derivan tres principios que delinean y modelan su testimonio.

En primer lugar, entienden que para dar testimonio de su fe, la voluntad y la capacidad humanas son insuficientes. Desde su perspectiva, para el testimonio cristiano, la presencia del Espíritu Santo en la vida del creyente es un requisito irremplazable. Únicamente una iglesia llena del Espíritu está capacitada para no dejar de decir lo que ha visto y oído. Así entienden el tema del poder para el testimonio.

En segundo lugar, la obediencia absoluta al Señor en toda circunstancia histórica, una convicción que implica que la lealtad al Señor está definida, pues de esa manera se puede hacer frente a las distintas formas de presión que ejercen los señores terrenales.

En tercer lugar, la urgencia del mensaje que se tiene que compartir con el prójimo, pues como la primera comunidad de discípulos, tampoco ellos pueden dejar de decir lo que han visto y oído (Hch 4.20). Para ellos, la tarea de dar testimonio no es una tarea exclusiva de los pastores o de los líderes, sino una tarea colectiva que debe estar fundamentada en lo que han visto y oído. O, como se confiesa en el viejo canto pentecostal:

> Sólo el poder de Dios puede cambiar tu ser,
>
> la prueba yo te doy. Él me ha cambiado a mí.
>
> No ves que soy feliz, siguiendo al Señor,
>
> nueva criatura soy, nueva soy.

Consecuentemente, cuando un pentecostal da testimonio de su fe, no está narrando una historia extraña para él o contando una experiencia ajena, sino que da cuenta de su relación continua con Dios y expresa lo que actualmente está pasando en su peregrinaje espiritual, porque tiene una historia fresca que narrar o un testimonio que contar. Esto es así porque para él, Dios no es un simple dato del pasado o una simple formulación doctrinal, sino un Dios cercano que lo acompaña en todas las circunstancias y que está a su lado en todo tiempo. Dios no es un extraño, un desconocido, un ausente, alguien distante y despreocupado de la situación en la que él vive. En tal sentido, el testimonio pentecostal narra una historia de vida en la cual el personaje central es el Dios de la vida, Dios que peregrina junto con su pueblo en cada recodo del camino.

4. La predicación

La predicación apasionada o «caliente» es una de las notas distintivas de esa forma especial de ser evangélico que es la fe pentecostal. Un pentecostal expone la palabra de Dios ilustrando su mensaje con las experiencias cotidianas de seres humanos de carne y hueso cuyas vidas han sido transformadas por el poder de Dios. La predicación en estas iglesias no es un discurso meticulosamente documentado cuya coherencia lógica apunta sólo a la mente de los individuos.

La predicación pentecostal está sazonada con el relato de historias que dan cuenta de la acción cotidiana de Dios en el marco temporal en el cual están situados los oyentes, ya que en estas iglesias asuntos como la sanidad de los enfermos y la expulsión de los demonios en los tiempos de culto comunitario, no son extraños ni fuera de lo común. Más bien, lo extraño y lo inusual en sus reuniones colectivas, sería que esto no sucediera. Esto explica por qué en sus cultos no se trata de convencer sólo intelectualmente al auditorio, sino que la predicación se orienta para que tanto la mente como el corazón, sean confrontadas con el mensaje liberador del evangelio

Para un pentecostal, la comunicación de la buena noticia del reino de Dios, no depende de los factores externos ni de las circunstancias adversas. Ellos tienen un mensaje que necesita ser comunicado de manera urgente. Más allá de las condiciones favorables o desfavorables presentes en el contexto de misión, de las oportunidades y de los conflictos en el terreno misionero, la vocación cristiana tiene que cumplirse en todo tiempo. Esa vocación no se subasta ni se negocia. La predicación de la buena noticia de salvación se entiende, pues, como una tarea urgente que tiene que estar acompañada de señales, prodigios y maravillas en el nombre de Jesús de Nazaret (Hch 2.43; 4.30; 5.12). Y es una tarea colectiva que no está restringida al clero profesional o a los teólogos formados en los centros académicos. Para ellos, todos los creyentes son misioneros naturales empoderados por el Espíritu, cuya tarea indeclinable consiste en proclamar en todos los auditorios humanos lo que han visto y oído.

Tienen un mensaje que les arde en el corazón, un mensaje liberador que ha transformado su vida, y un encargo misionero que no puede ser postergado ni subastado en ningún momento.

Conclusiones

Varios aspectos de la vida y misión de las comunidades pentecostales se han señalado a lo largo de este capítulo. Así, por ejemplo, se ha puntualizado que ellas son canales de liberación, que su teología es una reflexión crítica desde la periferia, que su praxis es una afirmación de la vida, y que su esperanza es una crítica al carácter efímero de los reinos de este mundo. Teniendo en cuenta todos estos asuntos, a los pentecostales de este tiempo, bombardeados diariamente por un conjunto de propuestas religiosas extrañas a su identidad teológica particular, y extrañas, incluso a la fe evangélica, debería preocuparles la pérdida paulatina de estos rasgos característicos de su espiritualidad.

En tal sentido, la tarea de esta hora consiste en recuperar su herencia espiritual y preservarla como un tesoro invalorable, reconociendo que los cultos colectivos deben ser **fiesta del Espíritu** en la que la oración espontánea y ferviente, el canto alegre y festivo, el testimonio cotidiano y la predicación apasionada, no sean considerados como actividades extrañas o como simples prácticas religiosas ocasionales, sino como expresiones naturales de adoración animada por la presencia vivificadora del Espíritu en el seno del Pueblo de Dios en misión.

Y tiene que ser así porque no se trata de cualquier experiencia religiosa o de una mera actividad humana derivada de la histeria colectiva, de una catarsis comunitaria, de una subjetividad enfermiza, o de una exaltación de las emociones, sino de la esencia de lo que significa ser pentecostal.

Además, se debe tener presente que lo peculiar del genio pentecostal, lo que le otorga su sabor inconfundible y su aroma característico, está relacionado con la forma en que ellos comprenden y practican su fe informada y modelada por el poder del Espíritu. Consecuentemente, como lo hizo san Pablo hace muchos años atrás, los pentecostales de este tiempo dirían también: *Si vivimos por el Espíritu, andemos también por el Espíritu* (Gá 5.25).

LA VIDA EN EL ESPÍRITU

Introducción

Las iglesias pentecostales afirman que el Espíritu Santo, la tercera persona de la Trinidad, está presente de una manera dinámica en la vida de los creyentes y de las congregaciones que han sido investidos con poder desde lo alto (Lc 24.49), según el relato de la venida del Espíritu Santo en el día de pentecostés registrado en el capítulo 2 de *Hechos de los Apóstoles*.

Estas iglesias afirman que el Espíritu Santo las ha empoderado, para que como expresión visible del pueblo de Dios en misión, cumplan la tarea impostergable de propagar la buena noticia del reino de Dios hasta lo último de la tierra. Afirman también que el evangelio pentecostal, según el patrón quíntuple (Cristo Salvador, Sanador, Santificador, Bautizador con el Espíritu y Rey que viene otra vez)[15], tiene que ser predicado en todos los contextos sociales y en todas las fronteras culturales. Desde su perspectiva, este mensaje innegociable no puede ser manipulado ni secuestrado, ya que se trata de un mensaje que tiene que ser comunicado de una manera urgente por todos los medios posibles a todos los públicos o auditorios humanos.

A la luz de esa convicción, la clave para captar y valorar la forma como dentro de estas iglesias se entiende La vida en el

---

15 Un teólogo pentecostal explica así este patrón quíntuple: «Este *evangelio completo* fue resumido en cinco temas teológicos: 1. La justificación por la fe en Cristo; 2. La santificación por la fe como una segunda y definitiva obra de gracia; 3. La sanidad del cuerpo provista para todos en la expiación; 4. El regreso premilenial de Cristo; 5. El bautismo en el Espíritu Santo con la evidencia de hablar en otras lenguas» (Land 1997: 18).

Espíritu, parece estar tanto en un examen de la base bíblica en la que ellos sustentan dicha convicción como en un examen de su correspondiente conducta cotidiana en todos los ámbitos en los que se movilizan como seres humanos de carne y hueso. Lo señalado, previamente exige realizar un análisis bíblico de temas valiosos, como el de la nueva vida en Cristo, la presencia del Espíritu en los discípulos, las implicaciones de andar en el Espíritu, el fruto del Espíritu y la forma como la tercera persona de la Trinidad guía el peregrinaje cotidiano de los creyentes. Así estaremos en condiciones de captar y de valorar apropiadamente la comprensión y la práctica de estas iglesias respecto a la vida en el Espíritu.

Además, los evangélicos pentecostales latinoamericanos necesitan conocer también las bases bíblicas sobre las que se fundamenta su comprensión y práctica de la vida en el Espíritu, ya que no se trata de cualquier experiencia religiosa o de un simple patrón de conducta colectiva, sino, por el contrario, de la esencia o del meollo de lo que significa ser un evangélico pentecostal. En tal sentido, no debe olvidarse que existen ciertas notas distintivas en estas iglesias, las cuales hacen que ellas representen una forma especial de ser evangélico.

Precisamente, lo peculiar de su genio y lo que le otorga su sabor inconfundible, está relacionado estrechamente con la forma como ellos comprenden y practican su fe informada y modelada cotidianamente por el poder del Espíritu Santo. Así, por ejemplo, para captar la riqueza del culto de estas iglesias entendido como una fiesta del Espíritu, se necesita conocer qué significa y qué implica para ellas la vida en el Espíritu. Esa comprensión la desagregaremos en los siguientes puntos, que en conjunto articulan su comprensión de la vida en el Espíritu: El nuevo nacimiento, la llenura del Espíritu, el andar en el Espíritu, el fruto del Espíritu, la agenda del Espíritu y, finalmente, el cristiano como templo del Espíritu. Cada uno de estos puntos será tratado analizando un texto bíblico que se considera clave.

6

NACIDOS DE NUEVO

Porque en otro tiempo erais tinieblas, mas ahora sois luz en el Señor, andad como hijos de luz.

Efesios 5.8

Para los cristianos evangélicos que confiesan a Jesucristo como Señor y Salvador de sus vidas, hubo un momento en el que ellos servían a otros dioses, y andaban en el mundo con el único propósito de satisfacer sus necesidades carnales y materiales. Ese tiempo ya pasó. Forma parte de su vida antigua. Es un dato del pasado. Ahora que están en Cristo Jesús, como afirma el apóstol Pablo en *2 Corintios*, ellos —varones y mujeres— son nuevas criaturas (2Co 5.17), y están en el mundo como testigos del poder de Dios para practicar en todo momento las buenas obras (Ef 2.10; Tit 3.8) y para ser obedientes al Señor de sus vidas en todas las circunstancias en las que se encuentren (1P 1.2).

Todo ello es consecuencia de la acción del Espíritu Santo en sus vidas que los ha convencido de pecado, de justicia y de juicio (Jn 16.6). En tal sentido, la conversión que marca el comienzo de la vida cristiana, implica una ruptura radical con el estilo de vida de la sociedad circundante y la adopción de un estilo de vida informado en todo momento por los principios del reino de Dios. Implica una ruptura definitiva con el pecado en sus dimensiones personales, sociales y estructurales, para caminar en una nueva ruta, para andar guiados por el Espíritu. En palabras de Pablo, como nuevas criaturas, ellos tienen que andar como hijos de luz (Ef 5.8), y ya no participar en las obras infructuosas de las tinieblas (Ef 5.11), sino más bien denunciarlas (Ef 5.11).

Precisamente, tomando como base un texto de la epístola del apóstol Pablo a los efesios (Ef 5.8), se explicará la comprensión evangélica del nuevo nacimiento y las implicaciones prácticas que de allí se derivan para el testimonio cotidiano de los creyentes. La *Epístola a los Efesios* ha sido descrita como la «más grande y la más profunda» de todas las epístolas del apóstol Pablo (Mackay 1964: 9)[16] y como la «más maravillosa declaración del propósito de Dios en Cristo manifestado en su iglesia y de las consecuencias prácticas de dicho propósito» (Foulkes 2003: 386).

En otras palabras, esta epístola «se centra en lo que Dios hizo a través de la obra histórica de Jesucristo y lo que hoy hace a través de su Espíritu, con el fin de construir su nueva

---

16 Según Mackay, «el Orden de Dios quiere decir, la estructura esencial de la realidad espiritual, que tiene su fuente en Dios y cuyo desarrollo se determina por la voluntad de Dios [...] La Estructura u *Orden*, así llamado tiene su centro en Cristo Jesús. Cristo constituye el fondo de su corazón» (Mackay 1964: 9).

sociedad en medio de la antigua» (Stott 1987: 24). Así es, en efecto. Y esa nueva sociedad, esa nueva humanidad, está conformada por hombres y mujeres nacidos de nuevo por la fe en Jesucristo, cuyo estilo de vida es radicalmente distinto al estilo de vida que impera en la sociedad predominante[17]. Pero ¿qué significa nacer de nuevo y cuáles son las consecuencias éticas de ese hecho?

La vida anterior

La vida antigua, conocida también como la vida vieja o la forma de vida mundana, está caracterizada por un estilo de vida sustentado y orientado por los deseos y la voluntad de la carne. Como se puede constatar en la experiencia humana, la satisfacción de los placeres que exige la naturaleza humana, cuyos deseos y orientación son absolutamente contrarios al propósito de Dios, marca el ritmo de vida de los no creyentes o de los no cristianos. La vida de todas estas personas se encuentra controlada y dominada por los deseos y la voluntad de su naturaleza caída cegada por el pecado. Como lo expresó el apóstol Pablo cuando escribió su *Epístola a los Efesios*:

> [...] estabais muertos en vuestros delitos y pecados,
> en los cuales anduvisteis en otro tiempo, siguiendo

---

17 En el Nuevo Testamento se utilizan varias palabras para referirse al nuevo nacimiento. Así, *kaine ktisis* se traduce como «nueva criatura» (2Co 5.17) o «nueva creación» (Gá 6.15), *kainos anthropos* como «nuevo hombre» (Ef 2.15; 4.24) y *synzoopoieo* transmite la idea de «da vida juntamente con» (Ef 2.5; Col 2.13). Todas estas palabras implican un cambio drástico y dramático que es permanente y que produce efectos de largo alcance en la persona. Además, según la enseñanza del Nuevo Testamento, está claro que sin el nuevo nacimiento no se puede entrar en el reino de Dios (Jn 3.3). En el Nuevo Testamento se afirma también que la experiencia del nuevo nacimiento es iniciativa de Dios (Jn 1.13), viene de arriba (Jn 3.3–7) y es obra del Espíritu Santo (Jn. 3.5–8).

> la corriente de este mundo, conforme al príncipe de la potestad del aire, el espíritu que ahora opera en los hijos de desobediencia, entre los cuales también todos nosotros vivimos en otro tiempo en los deseos de nuestra carne, haciendo la voluntad de la carne y de los pensamientos, y éramos por naturaleza hijos de ira, lo mismo que los demás.
>
> Efesios 2.1–3

Así habían andado los creyentes de la región de Efeso en otro tiempo. De este modo andábamos nosotros antes de conocer a Cristo. Todos caminábamos como seres humanos desobedientes a la voluntad de Dios. Toda nuestra vida estaba controlada por el diablo (*el príncipe de la potestad del aire* según Efesios 2.2 o *el diablo que acecha a los creyentes* según Efesios 6.11) quien nos instrumentaba para hacer lo malo y para pervertir todo lo bueno que Dios nos había dado para nuestro gozo y disfrute permanente[18]. La práctica

---

18 A diferencia de aquellos que sostienen que el diablo es un personaje mitológico o una estructura de maldad, el apóstol Pablo en la Epístola a los Efesios, lo personaliza y lo identifica como «príncipe de la potestad del aire» (Ef 2.2) y como «diablo» (Ef 6.11). Como lo ha subrayado Mackay: «Al tomar en serio un espíritu personal, sobrenatural, de lo malo en el universo, Pablo no hace más que seguir el pensamiento bíblico general. Vale la pena señalar que la Biblia se refiere menos al mal en su relación y más al Malo Único. No se puede escapar al hecho de que para Jesús un diablo personal le sería una realidad tremenda. Él era mucho más que una representación mitológica de lo siniestro, bisojo y soslayo de la naturaleza humana o de una tendencia mala en la historia. Y, ¿quién se atrevería a afirmar que Jesús, con su exquisita sensibilidad a Dios y con su personal conocimiento de Dios, no debería ser tomado en serio al afirmar la existencia real de un espíritu sobrenatural que desafía el principio jerárquico de que la voluntad del Creador debe ser suprema sobre todos los grados del ser, y que él mismo encarna la ruptura de ese principio? No es menester que nos sorprenda, por tanto, que Pablo de Tarso, quien poseyó hasta un grado sin

del pecado «afeaba» y desfiguraba nuestra condición de seres humanos creados a la imagen de Dios. Y debido a la persistente acción del diablo, habíamos llegado a creer que nos encontrábamos haciendo lo correcto para nuestra vida y que estábamos alcanzando la cima de nuestra felicidad.

La vida anterior o vida antigua, ese pasado reciente lejos de Cristo, no nos permitía disfrutar de la vida plena que Jesús ofrece a todos aquellos que le confiesan como Señor y Salvador y que lo obedecen en todo momento. En ese tiempo las tinieblas gobernaban nuestro peregrinaje en el mundo. Estábamos ciegos y merecíamos el juicio de Dios. Sin embargo, haciendo uso de sus artimañas, el diablo nos había convencido de que esa era la forma de vida que nos convenía. No éramos conscientes de que el pecado nos alejaba de Dios. Así vivíamos en ese tiempo. Convencidos de que lo único que importaba mientras estábamos de paso por este mundo era la satisfacción de los deseos y la búsqueda enfermiza del placer. Todavía estábamos en tinieblas. La luz del evangelio de salvación no nos había alcanzado. El Señor Jesús no nos había liberado de la pena, dominio y culpa del pecado. Pero un día esa realidad cambió. Pasamos de muerte a vida, del poder de las tinieblas a la liberación de todas las opresiones, de oprimidos por el diablo a creyentes liberados por la misericordia del Señor, de incrédulos o mundanos a discípulos de Jesús de Nazaret encarnado, crucificado y resucitado. En palabras de Pablo: *Porque en otro tiempo erais tinieblas* [...] (Ef 5.8). Así éramos anteriormente. Y eso explica por qué, cuando alguien se

---

paralelo la mente de Cristo, hubiera de tener la misma idea de su Maestro respecto a la naturaleza y dimensión de la lucha espiritual que los seres humanos queden sujetos a pagar en la historia» (Mackay 1964: 40).

convierte a la fe evangélica, declara públicamente: *Yo era un perdido. Pero el Señor me rescató.* O: *Yo no valía nada. Pero el Señor me rescató y me transformó.*

Entonces, para los que han nacido de nuevo, la vida antigua ya pasó, ya no son tinieblas, ya no están controlados ni por los deseos ni por la voluntad de su naturaleza caída. El pecado ya no tiene potestad sobre ellos. La vida vieja, la vida antigua, ya ha pasado y ahora todo es nuevo en Cristo Jesús (2 Co 5.17). El Señor Jesús los ha liberado de todos sus delitos y pecados. La vida anterior forma parte del pasado y ese pasado ya no tiene que informar ni formar su vida. La gracia de Dios los ha transformado y esa transformación ha sido completa y radical. Han roto con todo aquello que desfiguraba y que alteraba anteriormente su condición de seres humanos creados a la imagen de Dios. Antes eran tinieblas y vivían de espaldas a la voluntad del Creador. Ahora que son discípulos del Señor Jesús, como Pablo lo hizo en cierto momento de su vida, ellos también pueden afirmar lo siguiente: [...] *por la gracia de Dios soy lo que soy* [...] (1Co 15.10). Y esa gracia, gracia que se recibe gratuitamente, les ha dado una nueva vida que tiene consecuencias éticas precisas para todos los creyentes. Una ética que implica lo siguiente: *Vestíos del nuevo hombre, creado según Dios en la justicia y santidad de la verdad. Por lo cual, desechando la mentira, hablad verdad cada uno con su prójimo; porque somos miembros los unos de los otros* (Ef 4.24–25).

La vida nueva

Cuando una persona se convierte a la fe cristiana confesando públicamente a Jesús de Nazaret como su Señor y Salvador, la vida dominada y controlada por los deseos y la voluntad de nuestra naturaleza caída, queda atrás y el pecado ya no tiene potestad sobre ella. Ese estilo de vida antiguo esclavizado por el pecado forma parte de su pasado. Jesús la ha liberado y le ha dado una nueva vida. Ya no está bajo el juicio de Dios. Ya no se halla instrumentada por el diablo para hacer lo malo ni sirve a sus intereses mezquinos. Ya no vive en tinieblas. Tiene una nueva vida. Y, como afirma el apóstol Pablo, ahora es *luz en el Señor* [...] (Ef 5.8). No se trata, como se afirma en este pasaje bíblico, de una opción o de un asunto que depende de la simple voluntad humana, ya que la frase *sois luz* indica que esa es la nueva naturaleza que el creyente tiene en Cristo. No es luz porque sus acciones humanas sean correctas o porque tenga una conducta decente. Tampoco porque sea un buen vecino o porque posea un comportamiento intachable dentro y fuera de la iglesia. Menos aun, porque tenga ciertos principios religiosos o porque participe activamente en una iglesia.

De acuerdo con este texto bíblico, lo que un creyente es en este tiempo, lo es por la misericordia del Señor. Misericordia que lo ha transformado completamente sacándolo de las tinieblas a la luz. En tal sentido, se puede afirmar que un cristiano es luz, únicamente si está en el Señor. No es luz por él mismo ni por ningún esfuerzo humano. Es Dios quien lo ha recreado de nuevo, ya que todos los cristianos son *hechura suya, creados en Cristo Jesús para buenas obras* (Ef 2.10). Es Dios quien los ha hecho nuevos hombres (Ef 4.24).

Pero la nueva vida que los cristianos tienen en Cristo, está conectada estrechamente a su condición innegable de ser *luz en el Señor*, a la práctica de las *buenas obras* (Ef 2.10; 5.8). Y esto implica, como el mismo apóstol Pablo lo señala, una ruptura radical con los valores que informan y moldean el estilo de vida de la sociedad predominante. Implica, además, tanto un juicio ético de los principios que rigen a esa sociedad como el desafío de comportarse como cristianos en un mundo cuyos principios de vida son totalmente contrarios a la fe bíblica. En tal sentido, los discípulos de Jesús de Nazaret, como *luz en el Señor*, están llamados a obedecer en todo momento el siguiente consejo apostólico: *no participéis en las obras infructuosas de las tinieblas, sino más bien reprendedlas* (Ef 5.11). La nueva vida que Cristo les ha otorgado, como se señala en este texto bíblico, tiene como correlato o como consecuencia inevitable, una ruptura con *las obras infructuosas de las tinieblas*. Consecuentemente, ya no tienen que estar esclavizados por las viejas costumbres o encadenados a las cosas pasadas, sino que deben distanciarse de toda práctica mundana y ya no hacer caso a las insinuaciones de su vieja naturaleza.

El Señor les ha dado una nueva vida. Y su tarea es preservar la integridad de esta siendo obedientes a los mandamientos del Señor en todos los espacios sociales en los que se encuentren. Sin embargo, la experiencia de todos estos años nos enseña que no se trata de un asunto sencillo. La obediencia es una ruta signada de múltiples desafíos. Uno de esos desafíos concretos está relacionado con el campo de la ética individual y pública. Y este es un campo en el que se necesita tener principios bíblicos sumamente claros, principios que moldeen nuestra vida y que orienten en todo momento nuestra conducta.

La exigencia ética

La realidad de la nueva vida que el Señor les ha dado a los creyentes tiene exigencias éticas puntuales. Los creyentes no están llamados a andar como los no creyentes. Tienen la responsabilidad de comportarse en todo tiempo, cualesquiera sean las circunstancias en las que encuentren, como cristianos obedientes y fieles al Señor. La obediencia no es un asunto opcional o un dato circunstancial. La obediencia está vinculada al discipulado. En tal sentido, si son discípulos de Jesús de Nazaret, la obediencia tiene que ser la ruta cotidiana en la que se exprese la autenticidad de su compromiso inquebrantable con el Dios Crucificado. En consecuencia, como lo señaló el apóstol Pablo en su *Epístola a los Efesios*, los discípulos no tienen otra ruta que seguir, aparte que la de andar *como hijos de luz* (Ef 5.8). ¿Por qué? Porque ya no son hijos de las tinieblas. Porque Jesús de Nazaret los ha liberado de la pena, dominio y culpa del pecado. Y la exigencia ética que se desprende de esa nueva realidad es que tienen que andar en todo tiempo *como hijos de luz*, ya que como nuevas criaturas, recreadas por Cristo Jesús, toda conducta impropia y toda práctica indecente como las inmoralidades sexuales, las palabras deshonestas, las truhanerías, la avaricia, entre otras, tienen que haber quedado atrás (Ef 5.3–5).

Queda claro, entonces, que la vida nueva que los discípulos tienen debido a la misericordia del Padre Celestial, demanda una ruptura con todas esas formas de pecado —individuales, sociales y estructurales— que son contrarias a la voluntad de Dios. Esta es una exigencia ética que no se puede soslayar ni ignorar en ningún momento. Sin embargo, la experiencia de muchos creyentes a lo largo de la historia, enseña que nunca es un negocio fácil andar *como hijos de luz* dentro de una sociedad que está basada en valores totalmente distintos a los valores del evangelio.

Las tentaciones y las dificultades que se presentan en el camino son muchas, y a cada paso los discípulos tienen que estar alerta para no ceder ante las diversas presiones que, desde distintos ángulos y en distintos momentos, el enemigo y sus agentes humanos ejercen con el propósito de destruir o de alterar su compromiso con el Señor. En esas circunstancias, más allá de las presiones y de las tentaciones cotidianas, nunca deben olvidar que están llamados a *andar como hijos de luz* dentro de la realidad histórica en la que se hallan situados como testigos-mártires del Dios de la vida y Señor de la historia.

La tarea permanente

Como personas nacidas de nuevo, como una nueva creación, los creyentes tienen una nueva identidad. Y se espera que su conducta dentro y fuera de la iglesia, su conducta en la vida privada y en la vida pública, esté de acuerdo con la nueva identidad que ahora tienen. En otras palabras, nacer de nuevo, más que una mera experiencia religiosa confinada a la esfera privada de su existencia, implica la adopción de un estilo de vida radicalmente distinto del estilo de vida que predomina en la sociedad circundante. Pero ese estilo de vida tiene que expresarse no únicamente en el plano familiar o en el trabajo, sino también en el ejercicio de una plena ciudadanía y en la gestión pública. Esto debe ser así porque nacer de nuevo tiene como correlato la tarea de ser misioneros de Dios en todos los ámbitos en que los creyentes se movilizan diariamente, y exige una conducta intachable en todas las áreas de su vida.

Así que no se trata simplemente de una experiencia religiosa que los convierte en «buena gente», en personas «decentes» o en buenos vecinos, sino en ciudadanos responsables que deben dar cuenta de su nueva identidad, como primicias de la nueva humanidad, tanto en el seno del hogar y en la iglesia, como en la sociedad donde están situados como testigos del poder del Dios.

¿Por qué? Porque el propósito de Dios es *reunir todas las cosas en Cristo, en la dispensación del cumplimiento de los tiempos, así las que están en los cielos, como las que están en la tierra* (Ef 1.10).

Y son los nuevos hombres y mujeres, nacidos de nuevo por la fe en Cristo Jesús, los que deben proclamar a todos los seres humanos, con palabras y con gestos concretos de amor al prójimo, ese propósito de Dios. De manera que, antes que una simple experiencia religiosa confinada al ámbito privado de la vida, nacer de nuevo o ser una nueva criatura en Cristo Jesús, conlleva la tarea de *ser luz en el Señor* y *andar como hijos de luz* (Ef 5.8) en el espacio privado y en el espacio público. Pero ¿estamos siendo luz en el Señor y andando como hijos de luz en todos los espacios sociales en los que nos hallamos presentes? ¿Estamos ejerciendo nuestra plena ciudadanía en los contextos históricos en que nos encontramos como misioneros empoderados por el Espíritu?

7

LA LLENURA DEL ESPÍRITU

Y he aquí había en Jerusalén un hombre llamado Simeón, y este hombre, justo y piadoso, esperaba la consolación de Israel; y el Espíritu Santo estaba sobre él. Y le había sido revelado por el Espíritu Santo, que no vería la muerte antes que viese al Ungido del Señor. Y movido por el Espíritu, vino al templo. Y cuando los padres del niño Jesús lo trajeron al templo, para hacer por él conforme al rito de la ley, él le tomó en sus brazos, y bendijo a Dios [...]

Lucas 2.25–28

Lucas en su evangelio acentúa tanto el alcance universal de la misión como el amor especial que Dios tiene por los indefensos y los parias de la sociedad (López 2004: 16, 26). Pero también otros temas significativos están presentes en este evangelio. Así, por ejemplo, Lucas enfatiza el lugar central que tuvo la oración en la vida de Jesús de Nazaret (Lc 3.21; 5.16; 6.12; 9.18, 29; 11.1–14; 22.39–46; 23.34, 46) y el tema del jubileo que se expresa notoriamente en el canto de María (Lc 1.46–55) y en el manifiesto mesiánico de Nazaret (Lc 4.16–30). Además, otro de los temas recurrentes especialmente en los primeros capítulos del evangelio de Lucas, es el tema del Espíritu Santo (Lc 1.15, 35, 41, 67; 4.1, 14, 18; 24.49). Uno de los pasajes en los que subraya ese tema es precisamente Lucas 2.25–28. Allí confluyen tres temas clave que en conjunto articulan una perspectiva bíblica sobre la llenura del Espíritu. La llenura del Espíritu indica que la totalidad de la vida de un creyente —varón o mujer— está sustentada, controlada e impulsada en todo tiempo por el Espíritu Santo. Esto exige que los creyentes, que son templo del Espíritu Santo (1Co 3.16; 6.19), tengan una vida irreprensible fundamentada en los principios irrenunciables del evangelio.

En tal sentido, únicamente de las personas fieles y obedientes al Señor, se puede decir que el Espíritu Santo está sobre ellos, se comunica con ellos y los impulsa a cumplir su voluntad en el marco temporal en el que se encuentran como instrumentos humanos de la misericordia del Señor. El caso del anciano Simeón, un hombre justo y piadoso que esperaba en Jerusalén la liberación de Israel, da cuenta de ello.

La presencia del Espíritu

El Espíritu Santo no habita ni está presente en cualquier ser humano. Esto es así porque, según la enseñanza del Nuevo Testamento, únicamente las personas nacidas de nuevo que han confesado públicamente a Jesús de Nazaret como su Señor y Salvador, son templo del Espíritu Santo (1Co 3.16; 6.19). El Espíritu Santo es el sello o la garantía que da cuenta de su condición de hijos de Dios (Ef 1.13–14). Y se espera que ellos —varones y mujeres— anden como luz en el Señor (Ef 5.8) dando razón de la esperanza que ahora tienen (1P 3.15).

Únicamente de los cristianos, como discípulos del Señor encarnado, crucificado y resucitado, se espera que sean santos en toda su manera de vivir (1P 1.15). Una tarea permanente que exige ciertas condiciones en su carácter y en su testimonio privado y público. La experiencia y la práctica espiritual del anciano Simeón constituyen un excelente ejemplo de ello. Así se refiere Lucas al anciano Simeón: *Y he aquí había en Jerusalén un hombre llamado Simeón, y este hombre, justo y piadoso, esperaba la consolación de Israel; y el Espíritu Santo estaba sobre él* (Lc 2.25).

Como Lucas lo indica, Simeón formaba parte del núcleo de judíos fieles y obedientes que esperaban en Jerusalén el cumplimiento de la promesa del advenimiento del Mesías, una promesa anunciada por los profetas del Antiguo Testamento. A ello se refiere cuando precisa que *Simeón esperaba la consolación de Israel*. Pero, además, Lucas indica que *el Espíritu Santo estaba sobre él*. ¿Qué significa ese hecho? No cabe duda que en Simeón, como un creyente fiel y obediente al Señor, habitaba o estaba presente el Espíritu Santo. ¿Por qué el Espíritu Santo estaba sobre él? ¿Qué tenía Simeón como características singulares? Lucas proporciona dos datos sobre la talla espiritual de Simeón que pueden explicar por qué el Espíritu Santo estaba sobre él.

Lucas menciona que Simeón era un hombre justo y piadoso. La palabra justo indica que el anciano Simeón tenía un testimonio irreprensible o intachable. Nadie podía reprocharle ningún desliz o falta. No había razones para acusarle de hipocresía o de tener una conducta impropia.

Así que, una primera característica de su compromiso con el Señor, tenía relación con su testimonio irreprensible o intachable. La otra característica de la talla espiritual de Simeón que Lucas subraya es su vida piadosa. Realidad que indica que Simeón tenía una relación fresca y firme con el Señor. Pero no se trataba de una piedad orientada únicamente al ámbito interno o la esfera privada de la experiencia humana. La piedad de Simeón estaba conectada con una preocupación por la situación de opresión en la que se encontraba en ese momento su pueblo.

Él esperaba, como la doncella María (Lc 1.46–55) o la profetiza Ana (Lc 2.36–38), la liberación de Israel. Y esa liberación tenía una dimensión política incuestionable vinculada a la esperanza del advenimiento del Mesías prometido por los profetas del Antiguo Testamento. Para Lucas, ambas notas distintivas de la experiencia y de la práctica espiritual de Simeón, explican por qué el Espíritu Santo estaba sobre él.

Consecuentemente, teniendo como paradigma la experiencia y la práctica espiritual de Simeón, se puede afirmar que el Espíritu Santo habita en los creyentes que son justos y piadosos. En tal sentido, aquellos que se presentan a sí mismos como cristianos, pero cuyo testimonio en la vida privada y en la esfera pública no es irreprensible o intachable, no pueden afirmar que lo que dicen y lo que hacen proviene del Espíritu Santo, ya que el Espíritu Santo no habla ni actúa utilizando instrumentos humanos indignos, desobedientes, dominados por el pecado, esclavizados por las pasiones carnales, seducidos por la vida mundana.

La tarea es, entonces, cultivar una piedad o una devoción y consagración al Señor en la que se entienda que el compromiso con Jesús de Nazaret encarnado, crucificado y resucitado, no está limitado al ámbito privado en el que los creyentes se movilizan diariamente. Esto es así, particularmente, porque la piedad y la espiritualidad cristiana no están desconectadas de todas las necesidades humanas ni son ajenas a los problemas que cada día afrontan los seres humanos de carne y hueso. En consecuencia, únicamente de los justos y piadosos como el anciano Simeón, se puede afirmar que el Espíritu Santo está sobre ellos.

La palabra del Espíritu

La iniciativa divina en la revelación es una nota distintiva de la fe bíblica. Tanto el Antiguo como el Nuevo Testamento afirman que el Dios creador y sustentador del universo comunica o revela su voluntad a los seres humanos creados a su imagen y semejanza, puestos en el mundo como administradores o mayordomos del orden creado. La forma como Dios se relacionó y comunicó su voluntad a los grandes personajes de la historia bíblica como Abraham, Moisés, David o Salomón, da testimonio de ello. Lo mismo se puede decir respecto a la experiencia de los profetas del Antiguo Testamento.

¿Y el Nuevo Testamento? Particularmente Lucas en su evangelio registra la historia de varios personajes a quienes el Señor les comunicó su voluntad en determinado momento. Las historias de Elizabet, Zacarías, María y los pastores dan testimonio de ese hecho. Y la historia del anciano Simeón, un hombre justo y piadoso, está en la misma línea. En palabras del autor del tercer evangelio: *Y le había sido revelado por el Espíritu Santo, que no vería la muerte antes que viese al Ungido del Señor* (Lc 2.26).

Lucas puntualiza que el Espíritu Santo le había revelado o le había dicho a Simeón que antes de su muerte él sería testigo del cumplimiento de las promesas del Antiguo Testamento relativas al advenimiento del Mesías. ¿Por qué el Espíritu Santo le había revelado al anciano Simeón datos relacionados con ese acontecimiento que los profetas del Antiguo Testamento habían anunciado? Una característica de Simeón, señalada por Lucas, es que él era un creyente que esperaba el cumplimiento de esa promesa. En otras palabras, más allá de las condiciones materiales objetivas de opresión en la que se encontraba Israel en ese momento de su historia, Simeón le había creído al Señor. No dudaba de la promesa de que un día Dios liberaría a su pueblo de todas las opresiones. Esa parece ser la idea que está detrás de la mención de las dos características de la experiencia y práctica espiritual de Simeón que Lucas destaca. Lucas se refiere a él como un hombre justo y piadoso.

Estas características pueden explicar por qué el Espíritu Santo le reveló a Simeón que antes de su muerte vería al Mesías prometido por los profetas del Antiguo Testamento. Así que la palabra del Espíritu, palabra mediante la cual se comunica la voluntad de Dios a los seres humanos, no se transmite a cualquier individuo ni por cualquier medio o vehículo humano. La experiencia del justo y piadoso Simeón, un creyente que había creído en las promesas del Señor, nos advierte que esas son precisamente las características necesarias para que el Dios eterno y soberano nos dé a conocer su propósito a los seres humanos.

La palabra del Espíritu, como en el caso de Simeón, se comunica a los creyentes justos y piadosos que de una manera indoblegable confían en las promesas del Señor. El Espíritu Santo no habla por cualquier instrumento humano ni revela su voluntad por medio de cualquier persona. Los justos y piadosos que le han creído a él, a pesar de las condiciones de opresión en las que se encuentran, son los medios o los instrumentos que Dios utiliza para revelar y para comunicar su propósito de salvación. La vida y el testimonio del anciano Simeón, un hombre de carne y hueso como nosotros, se perfila entonces como un desafío para los creyentes de este tiempo que desean tener una comunión fresca y cotidiana con el Señor. ¿Aceptamos ese desafío o preferimos tener una sequedad espiritual que no transforma ni nuestra vida ni las condiciones materiales en las que vivimos?

El impulso del Espíritu

Lucas, cuando registra brevemente la historia del justo y piadoso anciano Simeón, precisa que el Espíritu Santo estaba sobre él y que le había revelado que antes de su muerte vería al Ungido del Señor o al Mesías. Pero no es lo único que menciona respecto a la vitalidad espiritual de Simeón relacionada íntimamente con la persona y la obra y del Espíritu Santo. En su relato de la vida de Simeón, Lucas da cuenta de otro hecho sustantivo relacionado con la persona y la obra del Espíritu Santo. Lucas expresa lo siguiente en su evangelio: *Y movido por el Espíritu, vino al templo. Y cuando los padres del niño Jesús lo trajeron al templo, para hacer por él conforme al rito de la ley, él le tomó en sus brazos, y bendijo a Dios* [...] (Lc 2.27–28).

El relato lucano destaca, por un lado, que el Señor cumplió su palabra ya que Simeón fue testigo del advenimiento de Mesías antes de morir. Y destaca, por otro lado, que impulsado o movido por el Espíritu Santo, el anciano Simeón fue al templo y que en ese lugar identificó al niño que María y José traían como el Ungido del Señor o el Mesías prometido por los profetas del Antiguo Testamento. Del relato queda claro que Simeón, además del hecho de que el Espíritu

Santo estaba sobre él y de haber recibido una revelación específica del Espíritu Santo respecto al cumplimiento de la promesa del advenimiento del Mesías, fue particularmente sensible a las indicaciones del Espíritu Santo. Esto explica por qué fue impulsado o movido por el Espíritu Santo para dirigirse al templo.

Un hecho que indica claramente que la piedad de Simeón implicaba una completa apertura a la voluntad y a la dirección del Espíritu Santo. ¿Por qué fue así en el caso de Simeón? ¿Qué factores explican su apertura a la voluntad y a la dirección del Espíritu Santo? Lucas responde a estas preguntas señalando dos características incuestionables de la experiencia y de la práctica espiritual de Simeón. Como ya se ha dicho, este anciano fue una persona justa y piadosa y, por esa razón, caminó impulsado por el Espíritu Santo.

¿A quiénes impulsa el Espíritu Santo en este tiempo? A la luz del testimonio lucano graficado en la experiencia espiritual integral del anciano Simeón, el Espíritu Santo impulsa a los creyentes justos y piadosos que confían en las promesas de Dios, en medio de las situaciones críticas de cada día. Consecuentemente, una persona cuyo testimonio en la vida privada y en la vida pública desdice su compromiso cristiano, no puede argumentar que sus palabras y sus hechos obedecen al impulso del Espíritu Santo o que ellos se encuentran bajo el influjo del Espíritu Santo. Y nosotros, como discípulos de Jesús de Nazaret, no debemos obedecer las palabras ni imitar los hechos de esas personas que con su conducta privada y pública desfiguran el rostro de Cristo y manchan el testimonio de la iglesia.

Más bien, tenemos que seguir el ejemplo del justo y piadoso Simeón, siendo obedientes a la voluntad del Señor en todo momento, y entendiendo que esa obediencia exige que la esperanza sea el motor de una espiritualidad que no ignora la realidad histórica de opresión en la que uno se encuentra. Esto es así porque ser llenos del Espíritu no implica una desconexión con los problemas sociales y políticos del contexto de misión en el que el Dios de la vida nos ha puesto como testigos de su poder liberador, un poder que libera de todas las opresiones.

La tarea permanente

La llenura del Espíritu no significa en ningún sentido una suerte de elevación espiritual que convierte a los que tienen esa experiencia en una especie de «iluminados» superiores a los demás o en una «casta» especial de favoritos de Dios que miran a los que no pertenecen a su círculo con lástima y hasta con desprecio. Tampoco los convierte en extraños en su propia tierra, espíritus desencarnados para quienes poco importa lo que ocurre en la sociedad circundante, en individuos alienados de su entorno de misión o en una especie de enajenados sociales.

La experiencia del anciano Simeón puntualiza que ser llenos del Espíritu, antes que convertir a los creyentes en personas indiferentes y desinformadas de la realidad histórica en las que están situados, los hace ciudadanos responsables que se identifican con los sufrimientos y con la esperanza de su pueblo. Más aún, desde la óptica lucana, sólo de una persona que es justa y piadosa, se puede decir que está llena del Espíritu. Y sólo de esas personas se puede decir que el Espíritu habita en ellas, les habla y las impulsa o guía en todo tiempo. Pero, ¿qué significa todo esto para el peregrinaje cotidiano, individual y colectivo, de los creyentes en la realidad temporal en la que se encuentran?

Significa que la llenura del Espíritu Santo capacita a los creyentes para que den razón de la esperanza que hay en ellos a todos los seres humanos y que esa esperanza tiene que traducirse en gestos visibles de comunión y de compasión cristiana dentro de una realidad histórica particular. En otras palabras, la llenura del Espíritu los inserta en un marco temporal preciso en el que tienen que dar testimonio de su fe en el Dios de toda esperanza (Ro 15.13), antes que convertirlos en ciudadanos irresponsables y en una suerte de desadaptados sociales indiferentes a lo que pasa en el contexto histórico en el que se encuentran. Únicamente así se puede decir que el Espíritu habita en un creyente, le habla y le impulsa cada día.

8

ANDAR EN EL ESPÍRITU

Digo, pues: Andad en el Espíritu, y no satisfagáis los deseos de la carne [...] Si vivimos por el Espíritu, andemos también por el Espíritu

Gálatas 5.16, 25

La vida cristiana, la ruta de seguimiento impostergable e indeclinable al Señor encarnado, crucificado y resucitado, es modelada e impulsada por el Espíritu Santo. Debido a la obra del Espíritu Santo, y por la fe en Jesucristo a quien confesamos públicamente como Señor y Salvador, hemos nacido de nuevo y formamos parte del pueblo de Dios cuya vocación es la obediencia a los principios inalterables de la fe bíblica.

Andar en el Espíritu implica, por un lado, una ruptura con los valores que informan y moldean el estilo de vida de la sociedad predominante; por otro, tener un estilo de vida arraigado profundamente en los valores innegociables de la buena noticia del reino de Dios. Desde la óptica del apóstol Pablo, la nueva vida en Cristo de los creyentes (*si vivimos por el Espíritu*, como se señala en Gálatas 5.25), exige una conducta individual y pública coherente con la nueva naturaleza que ya tienen debido a la misericordia de Dios (*andemos también por el Espíritu*, como se señala en Gálatas 5.25). Esa relación estrecha entre fe y obras, entre discurso y práctica, entre palabras y ética, define y modela la identidad de los discípulos como miembros de la nueva sociedad que Dios está forjando en Cristo Jesús: La iglesia.

En la *Epístola a los Gálatas*, un documento del Nuevo Testamento considerado como «la carta magna de la libertad del evangelio en el que se elabora una defensa de la verdadera libertad del evangelio» (Bruce 2003: 530), y en el que Pablo argumenta sobre la dimensión social de la justificación por la fe, puntualizando que en la iglesia todos tienen cabida —tanto judíos como gentiles— y que nadie debe ser excluido de la comunión cristiana (Hansen 1994: 25), se aborda también el tema del andar en el Espíritu[19]. Pero, ¿qué significa exactamente andar en el Espíritu?

19　F. F. Bruce señala que «la Epístola a los Gálatas fue escrita a conversos de Pablo que estaban en peligro inminente de adulterar, con elementos del legalismo judío, el evangelio de la libertad cristiana que él les había enseñado. Entre ellos, la circuncisión ocupaba un lugar prominente, como así también la observancia del calendario judío, y posiblemente las leyes judaicas sobre los alimentos [...] Cuando le llegaron noticias de que esto ocurría, Pablo escribió esta carta con suma urgencia, denunciando esta enseñanza que mezclaba la gracia con la ley como un evangelio diferente del que él les había predicado en el nombre de Cristo —en realidad no era un evangelio—, y urgiendo a sus lectores a mantenerse firmes en la libertad que recientemente habían encontrado, en lugar de someterse nuevamente al yugo de la servidumbre» (Bruce 2003: 529). Giuseppe Segalla indica que en esta Epístola «se da una contraposición dialéctica entre el camino

Andar en el Espíritu o ser guiado por el Espíritu, tiene su punto de arranque en el nuevo nacimiento, se galvaniza con la llenura del Espíritu y se expresa en una conducta privada y pública basada en los principios de la buena noticia del reino de Dios, ya que el Espíritu, que ha operado en el nuevo nacimiento, capacita también a los creyentes dotándolos de poder para el servicio, y los acompaña en los distintos espacios sociales en los que deben dar testimonio de su fe en el Dios de la vida y Señor de la historia. Para entender lo que significa y lo que implica andar en el Espíritu, Gálatas 5.16, 25, constituye un excelente punto de partida.

Los deseos de la carne

El nuevo nacimiento, cuyo paso previo es la conversión que implica la confesión pública de Jesús de Nazaret como Señor y Salvador, tiene como correlato o consecuencia precisa la adopción de un estilo de vida radicalmente distinto a la vida antigua que antes se tenía y que moldeaba la cotidianidad de nuestro andar en el mundo. La nueva vida exige una completa ruptura con todos aquellos pensamientos y prácticas que informaban y controlaban la vieja naturaleza.

La nueva vida demanda una nueva ética. Y esa nueva ética tiene que estar informada y modelada por los valores inalterables del evangelio, lo cual supone que ya se ha renunciado a los valores que impulsaban y dominaban el anterior estilo de vida o al viejo hombre. A la luz de ese hecho, se supone que únicamente aquellos que han nacido de nuevo por la fe en Jesucristo, pueden captar la exigencia del

---

de la justificación y por tanto de la salvación mediante la fe, con sus consecuencias de vida en el Espíritu, y el camino judío constituido por la circuncisión y por la ley» (Segalla 1989: 263).

siguiente consejo apostólico y obedecer ese consejo en todo momento: [...] *no satisfagáis los deseos de la carne* (Gá 5.16). Para los creyentes, la satisfacción de los deseos de la vieja naturaleza dominada por el pecado, ya quedó atrás, bastante lejos, pertenece al pasado, puesto que luego de su conversión, como cristianos fieles y obedientes, todos sus intereses y todas sus preocupaciones están orientados únicamente a dar gloria de Dios en cada aspecto de su vida. Esto es así porque la libertad que tienen en Cristo, demanda que ya no regresen nuevamente a la esclavitud del pecado. Esto es así porque el Señor los ha liberado de todas las opresiones para que disfruten plenamente de la vida abundante que Él por su misericordia les ha dado, vida nueva que tiene exigencias éticas precisas. Así, por el ejemplo, el amor mutuo, un don invalorable del Señor, tiene que ser ahora la marca distintiva de la nueva vida que disfrutan en Cristo. Como lo puntualiza Pablo: *Porque vosotros, hermanos, a libertad fuisteis llamados, solamente que no uséis la libertad como ocasión para la carne, sino servios por amor los unos a los otros* (Gá 5.13).

La libertad en el Señor, como lo indica el apóstol Pablo, no significa una licencia o un permiso para el libertinaje. La vida cristiana tiene principios suficientemente claros que no se relacionan ni tienen puntos de contacto en ningún momento con los principios que rigen el estilo de vida de los no creyentes. La libertad cristiana exige no estar sujetos nuevamente a la esclavitud del pecado. En palabras de Pablo: *Estad, pues, firmes en la libertad con que Cristo nos hizo libres, y no estéis otra vez sujetos al yugo de la esclavitud* (Gá 5.1). Libres para no pecar.

Esa es la idea central que subyace en este texto bíblico, ya que la libertad cristiana, una libertad que ha quebrado y pulverizado todas las opresiones, implica una transformación radical de todos los planos o esferas de la vida. Precisamente el consejo apostólico está en forma imperativa, imperativo que indica que la obediencia no es un asunto optativo, sino un llamado a estar alerta en todo tiempo para guardar fielmente la libertad que se tiene en Cristo.

La vida en el Espíritu

La vida antigua está dominada por los deseos y la voluntad de la carne. Es una vida bajo el control del diablo y que responde a los intereses mezquinos de este personaje que únicamente desea nuestra destrucción. La vida en el Espíritu, una vida que es el resultado del nuevo nacimiento, ya es una realidad en la experiencia cotidiana de los creyentes fieles y obedientes a los mandamientos del Señor. Esto explica por qué, cuando escribió su epístola a los cristianos de la región de Galacia, el apóstol Pablo reconoció ese hecho que formaba parte de la experiencia espiritual de los discípulos de esa región. Las palabras del apóstol fueron: *Si vivimos por el Espíritu* [...] (Gá 5.25).

El apóstol Pablo está hablando, no de una posibilidad o de una cuestión referida al futuro, sino de una realidad palpable en la experiencia espiritual cotidiana de los creyentes de la región de Galacia. Todos ellos, como discípulos de Jesús de Nazaret Encarnado, Crucificado y Resucitado, habían nacido de nuevo. El Espíritu Santo había actuado en ellos creando un nuevo hombre o una nueva criatura —varón y mujer— (Gá 3.26–27) por la fe en Cristo y una nueva comunidad en la que todos tenían cabida (Gá 3.28).

La vida en el Espíritu tiene exigencias éticas concretas. Esto es así porque la frase *si vivimos por el Espíritu*, una referencia explícita a la nueva realidad que ha transformado nuestra vida y que actúa en ella cada día, se presenta como una condición necesaria para tener un estilo de vida radicalmente distinto al estilo de vida que predomina en el mundo. En otras palabras, la vida en el Espíritu está conectada a una conducta cristiana cuyo fundamento y propósito no tiene vínculos con los valores y la orientación ética de la sociedad predominante. La vida en el Espíritu exige ser alimentados, sostenidos y guiados por el Espíritu en todo momento. Y esto supone una ruptura radical con todo aquello que no proviene de la voluntad de Dios para nuestra vida. Ruptura que se hace visible en la adopción de una nueva ética contrapuesta a la ética que caracteriza a la sociedad circundante. En otras palabras, la nueva vida que el Espíritu ha producido en nosotros, tiene que reflejarse en la conducta de cada día, tiene que expresarse en todas nuestras relaciones y en todos los espacios sociales en los que diariamente nos movilizamos como discípulos de Jesús de Nazaret.

El mandato bíblico

Ya se ha señalado que la vida en el Espíritu tiene como correlato o consecuencia específica una ética individual y pública sustentada en los principios inalterables del evangelio. Esto se deduce de la relación directa que el apóstol Pablo establece entre vivir por el Espíritu y andar por el Espíritu. Hasta en dos ocasiones hace referencia a este hecho. En la primera de estas ocasiones utiliza un verbo imperativo. *Andad en el Espíritu* [...] (Gá 5.16). La palabra *andad* indica que se trata de un mandato que debe ser obedecido de una manera imperativa, y que no se trata de una simple propuesta o de un asunto opcional. De lo que se trata es de una exigencia que no admite postergaciones ni dubitaciones de ninguna naturaleza. *Andad por el Espíritu* implica la adopción de un estilo de vida coherente con la nueva naturaleza que los cristianos ya tienen por la fe en Jesucristo el Señor y Salvador de sus vidas.

Posteriormente, cuando se refiere en una segunda ocasión a la relación estrecha entre vivir por el Espíritu y andar en el Espíritu, el apóstol Pablo manifiesta lo siguiente en su epístola a los creyentes de la región de Galacia: [...] *andemos también por el Espíritu* (Gá 5.25). De acuerdo con este texto bíblico, lo que espera de un creyente, un discípulo de Jesús de Nazaret que ha crucificado *la carne con sus deseos y pasiones* (Gá 5.24), es que así como ha nacido de nuevo por la obra del Espíritu Santo, ande o camine en todo tiempo bajo el impulso del Espíritu, y no como un esclavo de sus apetitos carnales. En otras palabras, la vida cristiana demanda que exista en todo momento una relación estrecha entre el nuevo nacimiento y una nueva ética, entre fe y obras, entre discipulado y obediencia, entre confesión de fe y práctica de vida.

Este mandato bíblico no necesita de una mayor explicación. Claramente se indica que la nueva vida está conectada a una conducta cristiana fundamentada en los principios del evangelio. No se espera una actitud distinta de los cristianos. Cada uno de ellos, varones y mujeres que han nacido de nuevo por la fe en Jesús de Nazaret, tiene la inevitable responsabilidad de sentir, pensar y actuar en todo momento como discípulos fieles y obedientes a su Señor y Salvador. Esta exigencia ética es innegociable. Andar en el Espíritu no es una opción ni una vía alternativa para los creyentes. Es la ruta que ha sido diseñada por el Señor para que todos nosotros, como discípulos fieles y obedientes hasta la muerte, la recorramos con alegría y gratitud cada día de nuestra vida.

La tarea permanente

Andar en el Espíritu presupone que el creyente ya ha roto definitivamente con todo aquello que formaba parte de su anterior estilo de vida, que ha dejado atrás todo signo de su vieja naturaleza, que ha cambiado completamente tanto el patrón mental como el patrón de conducta que antes lo caracterizaban. Y presupone, además, que actualmente tiene una mente y una conducta informada, formada y transformada por el Espíritu. Sin embargo, se tiene que precisar que andar en el Espíritu es más que tener un lenguaje distinto y una conducta decente, ya que no se trata únicamente de la adopción de un discurso religioso inocuo y de una conducta restringida al ámbito privado. ¿Por qué? Porque andar en el Espíritu implica tener una mentalidad y una conducta cristianas en todos los campos de la vida.

Implica, además, comprender que andar en el Espíritu es distanciarse de todo aquello —ideologías que cosifican al ser humano, políticas económicas que devalúan la dignidad humana, prejuicios culturales que quiebran las relaciones humanas— que colisiona directamente con los principios inalterables de la fe bíblica en la que Dios se presenta como el Dios de la vida que ama y defiende la vida y como el Dios que libera de todas las opresiones. Desde ese punto de vista, andar en el Espíritu no es hacer de los creyentes una suerte de «idiotas útiles» al sistema predominante o convertir a las iglesias en «fabricas religiosas» en las que el producto final sea «tarados sociales», sino amar y defender la vida, promover y practicar la justicia, defender el derecho y tejer espacios de solidaridad humana en los que todos sean valorados y tratados como imagen de Dios.

9

EL FRUTO DEL ESPÍRITU

Mas el fruto del Espíritu es amor, gozo, paz, paciencia, benignidad, bondad, fe, mansedumbre, templanza; contra tales cosas no hay ley. Pero los que son de Cristo han crucificado la carne con sus pasiones y deseos.

Gálatas 5.22–24

En la *Epístola a los Gálatas*, el manifiesto de la libertad cristiana, se subraya que la formación del carácter cristiano no depende de la simple voluntad de cada creyente ni de sus buenas intenciones. Allí se precisa que la formación del carácter cristiano es obra del Espíritu Santo que actúa poderosamente en cada ser humano que confiesa públicamente a Jesús de Nazaret como Señor y Salvador, para transformar todas las áreas de su vida, capacitándolo para que sea un testigo fiel y obediente de todo el consejo de Dios.

El Espíritu Santo produce una nueva vida. Y esta nueva vida tiene marcas distintivas que modelan toda la personalidad del creyente: El fruto del Espíritu. El fruto del Espíritu, traducido en un conjunto de virtudes que dan cuenta de la transformación del carácter de la persona nacida de nuevo, constituye la señal indudable y concreta de la acción de Dios en la vida de un ser humano[20]. Indica que el creyente, tanto en la esfera privada como en la vida pública, camina guiado por el Espíritu en todo tiempo y que ha dejado atrás su anterior estilo de vida.

Consecuentemente, el fruto del Espíritu constituye la tinta indeleble, la marca permanente, el sabor característico que acompaña al auténtico creyente, convirtiéndolo en un testigo fiel de la buena noticia del reino. O «son a la vez señal y sustancia de su *transformación* a la imagen de Cristo, y las virtudes morales necesarias para poder seguir a Jesús son marcas de la espiritualidad genuina» (Villafañe 1996: 152).

Las marcas de la nueva vida

La identidad particular de una persona que proviene de una determinada región resalta y se reconoce por ciertas notas distintivas o marcas características que dan cuenta de esa identidad. Datos precisos como el idioma o el acento particular, la vestimenta y los platos típicos, las costumbres, la forma de valorar a la familia o la manera de tejer y de

---

20 Según un autor, el fruto del Espíritu es la «la disposición, hábitos, virtudes o cualidades que el Espíritu produce y que caracterizan a un discípulo de Jesucristo. Tienen que ver con los resultados de someterse a la guía del Espíritu de Dios en la vida diaria. No es referirse a cualidades especiales que algunos poseen; por el contrario, es la esencia misma del carácter cristiano» (Bravo 1997: 23).

preservar las relaciones humanas, entre otros, ayudan a descubrir tanto el lugar de origen como los valores culturales de un individuo o de una familia. Todo ello es valioso para establecer vías de comunicación más adecuadas y para establecer relaciones sociales más fluidas con las diversas familias culturales que interactúan en un determinado espacio geográfico. Así también, ciertas notas distintivas de su carácter moral y ciertas marcas características de su conducta individual y colectiva, permiten diferenciar a los cristianos de los no cristianos y a las comunidades de discípulos de Jesús de Nazaret de cualquier otro grupo humano.

Los cristianos, como personas nacidas de nuevo por la fe en Jesús de Nazaret y como templos en los que el Espíritu Santo habita, están llamados a dar señales claras de la nueva naturaleza que tienen debido a la misericordia del Señor. A estas señales o marcas distintivas, Pablo las denomina el fruto del Espíritu.

Desde la perspectiva del apóstol Pablo, expresada en su *Epístola a los Gálatas*, este es el conjunto de virtudes que tienen que modelar el carácter moral de los cristianos y perfilar su conducta individual y colectiva en todo momento: *Mas el fruto del Espíritu es amor, gozo, paz, paciencia, benignidad, bondad, fe, mansedumbre, templanza* [...] (Gá 5.22–23).

El fruto del Espíritu no compagina ni establece puentes de contacto con las marcas que caracterizan a la vieja naturaleza o al viejo hombre. Las diferencias éticas entre el estilo de vida del viejo hombre y el estilo de vida de la persona nacida de nuevo son bastante profundas y no existe ningún vínculo que los una. Las diferencias no requieren de mayor explicación si se compara el fruto del Espíritu con lo que Pablo denomina las obras de la carne. De acuerdo con Pablo:

> Y manifiestas son las obras de la carne, que son: adulterio, fornicación, inmundicia, lascivia, idolatría, hechicerías, enemistades, pleitos, celos, iras, contiendas, disensiones, herejías, envidias, homicidios, borracheras, orgías, y cosas semejantes a estas; acerca de las cuales os amonesto, como ya os lo he dicho antes, que los que practican tales cosas no heredarán el reino de Dios.
>
> Gálatas 5.19–21

Las obras de la carne ya no deben formar parte ni del carácter moral ni de la práctica de vida de los cristianos, ya que el nuevo nacimiento que tiene como punto de partida el arrepentimiento implica, por un lado, una transformación radical de todas las áreas de la vida, y por otro, la adopción de un estilo de vida informado y modelado por los principios del evangelio. Como consecuencia de ello, el fruto del Espíritu tiene que ser tanto el combustible que moviliza cada día al creyente como la marca que diferencia la conducta cristiana de la conducta que caracteriza a los no creyentes.

La promesa del Señor

Únicamente los creyentes fieles y obedientes a todo el consejo de Dios pueden disfrutar de los beneficios que otorga la libertad cristiana. El Señor los ha liberado de la pena, dominio y culpa del pecado para que anden todos los días bajo el impulso del Espíritu Santo, teniendo los principios inalterables e innegociables del evangelio como el fundamento sólido de su peregrinaje en el mundo. Así que, si el fruto del Espíritu es el que orienta e impulsa su testimonio como hijos de Dios, ellos ya no están sujetos a las regulaciones de la ley del Antiguo Testamento.

Como lo afirma el apóstol Pablo: [...] *contra tales cosas no hay ley* (Gá 5.23). Los creyentes ya no están bajo condenación. En efecto, las virtudes o frutos que el Espíritu Santo produce en una vida transformada indican que los cristianos ya están libres de las condiciones ceremoniales establecidas en el Antiguo Testamento. La muerte de Jesús de Nazaret en el calvario, una muerte única, suficiente e irrepetible que ha expiado o limpiado todos los pecados, garantiza que los creyentes ya no están sujetos a las exigencias ceremoniales del Antiguo Testamento. El Espíritu Santo ha producido en cada uno de nosotros, cuando confesamos públicamente a Jesús de Nazaret como Señor y Salvador, una nueva vida que se expresa en una conducta radicalmente distinta de la conducta de los no creyentes. Pero se tiene que puntualizar, además, que el fruto del Espíritu indica que la libertad cristiana tiene límites precisos. Y esos límites se establecen a partir del conjunto de virtudes que deben caracterizar, cada día, tanto el carácter moral como la conducta individual y pública de los discípulos de Jesús de Nazaret.

En otras palabras, la evidencia visible o la señal concreta de que los discípulos de Jesús de Nazaret están disfrutando de los beneficios de la libertad cristiana, la constituye el fruto del Espíritu, que se expresa claramente en las virtudes que informan, forman y trasforman el testimonio cristiano.

La presuposición

Una presuposición básica que se deriva de los principios del evangelio es que debe existir una diferencia absolutamente radical entre el estilo de vida de los cristianos y el estilo de vida de los no creyentes. La doctrina cristiana establece que los creyentes, si han nacido de nuevo por la fe en Jesús de Nazaret encarnado, crucificado y resucitado, tienen que haber roto de una manera definitiva con los valores y con la forma de vida que caracteriza al viejo hombre o a la vieja naturaleza corroída por el pecado personal y social. Establece, además, que en su testimonio cotidiano, ellos deben presentar evidencias o señales visibles de la nueva vida que tienen debido únicamente a la inmensa misericordia del Señor. Pero esta realidad implica, como lo ha precisado el apóstol Pablo en su *Epístola a los Gálatas*, que: [...] *los que son de Cristo han crucificado la carne con sus pasiones y deseos* (Gá 5.24). Haber crucificado la carne con sus pasiones y deseos, según la perspectiva del apóstol Pablo, no es una opción, una demanda colateral o un asunto secundario para los creyentes, ya que se trata de una señal visible de la nueva naturaleza que los creyentes tienen como hijos de Dios nacidos de nuevo.

Esto explica por qué el apóstol Pablo puntualiza que únicamente los cristianos, *los que son de Cristo*, están capacitados para renunciar a todas aquellas prácticas contrarias al propósito de Dios. Esto es así porque la voluntad humana y las buenas intenciones son insuficientes en sí mismas para producir una vida informada, formada y transformada por los valores del reino de Dios. Únicamente el poder del evangelio produce una nueva vida y capacita a los discípulos de Jesús de Nazaret para que ellos —varones y mujeres de todas las edades, condición social y trasfondo cultural— crucifiquen la carne con sus pasiones y deseos.

La consecuencia inmediata que se deriva de la nueva vida que los creyentes tienen por la fe en Jesús, exige la articulación de una nueva ética, y esa nueva ética se expresa en la capacidad de renunciar públicamente a toda práctica de vida contraria a la voluntad de Dios. A ese hecho, efectuado únicamente por el poder del evangelio, el apóstol

Pablo lo denomina crucificar la carne con sus pasiones y deseos. Esa es la exigencia ética concreta que tienen los discípulos de Jesús que de manera fiel y obediente caminan cada día dando testimonio del poder del evangelio en todos los lugares en los que se movilizan.

Únicamente la misericordia de Señor hace posible que tengan un testimonio intachable que dé cuenta del poder del evangelio que actúa en seres humanos de carne y hueso cuyas vidas han sido transformadas por ese poder que libera de todas las opresiones.

La tarea permanente

El fruto del Espíritu no afecta únicamente el carácter individual de una persona haciendo de ella un buen vecino, un ser humano amable o bondadoso, un ciudadano decente o un individuo confiable y transparente en las relaciones humanas. El fruto del Espíritu afecta tanto la vida privada como la vida pública de los discípulos. En tal sentido, el carácter cristiano informado, modelado y transformado por el Espíritu, tiene que reflejarse en cada realidad humana en la que el discípulo esté presente como ser humano de carne y hueso. Y esa realidad humana incluye el espacio público, sea este el terreno político, los movimientos sociales, las instituciones del Estado, los medios de comunicación, entre otros.

En cada uno de esos lugares de la vida pública, los creyentes allí insertados, tienen que dar cuenta de su identidad como discípulos del Dios de la vida y Señor de la historia. Una identidad que hace visible cuando el fruto del Espíritu se expresa en cada acto humano, en cada decisión, en cada palabra, en cada gesto. El no dar cuenta de esa identidad en esos lugares en los que frecuentemente los evangélicos fueron marginados debido a su condición de minoría religiosa o se automarginaron debido a una teología sesgada que separó irresponsablemente lo sagrado de lo profano o lo espiritual de lo secular, indicaría que uno no ha entendido que la manifestación del fruto del Espíritu no está limitada al templo, restringida a los momentos de culto común o reducida a las relaciones fraternas con otros discípulos. Esto es así porque el fruto del Espíritu no ha sido dado solamente para expresarse o manifestarse en los espacios religiosos, sino para dar cuenta de la nueva vida que se tiene en Cristo en todos los espacios sociales, en todos los lugares en los que el discípulo está presente como artesano de la paz, amigo de la vida, promotor de la justicia y embajador de la reconciliación.

10

LA AGENDA DEL ESPÍRITU

Y atravesando Frigia y la provincia de Galacia, les fue prohibido por el Espíritu Santo hablar la palabra en Asia; y cuando llegaron a Misia, intentaron ir a Bitinia, pero el Espíritu no se lo permitió. Y pasando junto a Misia, descendieron a Troas. Y se le mostró a Pablo una visión de noche: un varón macedonio estaba en pie, rogándole y diciendo: Pasa a Macedonia y ayúdanos. Y cuando vio la visión, enseguida procuramos partir para Macedonia, dando por cierto que Dios nos llamaba para que les anunciásemos el evangelio.

Hechos 16.6–10

El libro de *Hechos de los Apóstoles* registra cómo la primera comunidad cristiana o iglesia primitiva, bajo la guía y el impulso del Espíritu Santo, fue pasando de ser un pequeño grupo de judeo-cristianos de habla aramea concentrados en la ciudad de Jerusalén, a transformarse en una comunidad multirracial y multicultural conformada tanto por judíos como por no judíos, dispersos por diversos lugares del vasto imperio romano de mediados del primer siglo. La vida y el testimonio de la primera comunidad de discípulos reunida en Jerusalén, luego de la resurrección y ascensión de Jesús, tienen lecciones sumamente valiosas para la iglesia contemporánea. Especialmente, la experiencia de la iglesia de la cual el libro de *Hechos de los apóstoles* da cuenta, pone sobre el tapete varios temas para la agenda misionera de nuestro tiempo. En palabras de Stott:

> Los principales asuntos que el libro de *Hechos* plantea para los cristianos de hoy son temas como los del bautismo del Espíritu Santo y los dones carismáticos, las señales y maravillas, el compartir los bienes materiales como lo hizo la primera comunidad cristiana de Jerusalén, la disciplina de la iglesia, la diversidad de ministerios, la conversión cristiana, los prejuicios raciales, los principios misioneros, el costo de la unidad cristiana, los motivos y métodos en el evangelismo, el llamado a sufrir por Cristo, la Iglesia y el Estado, y la divina providencia (Stott 1990: 7).

Todos estos son, indudablemente, temas actuales para la agenda de las iglesias cristianas. Pero, ¿cuál es el mensaje específico de *Hechos*? ¿Cuáles sus temas centrales o sus ejes teológicos principales? ¿Qué temas clave se entrecruzan en el relato que Lucas hace del avance de la iglesia cristiana de Jerusalén a Roma? Un autor sostiene que este es un libro en el cual existe una relación estrecha entre la naturaleza de la iglesia y su vocación misionera:

> La iglesia cristiana primitiva tuvo una característica fundamental que la marcó desde sus comienzos: *fue una comunidad misionera*. De hecho, esa fue una de las razones que, a la larga, la llevó a enfrentarse con las

autoridades imperiales [...] El espíritu y celo misionero no representan un añadido o apéndice respecto del ser mismo de la iglesia cristiana. Hay entre ambas (es decir, entre la naturaleza de la iglesia y su misión) una relación tal que casi podría decirse que la desaparición de la misión significaría la muerte de la iglesia. Todo el Nuevo Testamento —y en particular, el libro de los *Hechos*— dan testimonio de ello (Bonilla 1998: 12).

Al respecto, el texto clave de Hechos 1.8 constituye una síntesis del contenido del libro. Sin embargo, el horizonte de este texto clave no se restringe a la mera expansión geográfica del evangelio desde la remota región de Palestina hasta lo último de la tierra. Para una comprensión del mensaje de Hechos 1.8, se debe tener en cuenta que en los escritos de Lucas la geografía tiene una clara intención teológica que apunta al propósito universal de Dios de que la buena nueva de salvación sea escuchada por todos los seres humanos de todos los pueblos, naciones y culturas. En tal sentido, acierta Bosch cuando señala que la «íntima relación entre pneumatología y misión, es la contribución distintiva de Lucas al paradigma misionero» (Bosch 1993: 114).

Un examen panorámico de *Hechos de los Apóstoles* deja constancia de ello, ya que en la historia registrada por Lucas se nota como el Espíritu empodera para la misión (Hch 1.8) dándole valor a los testigos del evangelio (Hch 4.8, 31; 7.55), llamando a las personas para la misión (Hch 13.2), trazando la ruta que se debe seguir y guía a los misioneros (Hch 16.6–10), y ensanchando el horizonte de la misión (Hch 10.19–20; 11.12; 16.6–10).

En esta sección, teniendo en cuenta la discusión previa sobre el mensaje de *Hechos de los Apóstoles*, examinaremos con cierto cuidado Hechos 16.6–10, un texto en el que están presente dos temas valiosos íntimamente relacionados con la misión: la agenda del Espíritu y la agenda de los misioneros. Para una actualización del mensaje de este texto, se tiene que recordar que en el mundo contemporáneo cada día es más frecuente, dentro y fuera de los círculos cristianos, la planificación de las tareas de corto, mediano y largo aliento. La llamada planificación estratégica exige que tanto la visión y la misión de las instituciones como los objetivos y las metas estén claramente establecidos. Lo mismo se espera con respecto al calendario de actividades y a la asignación de responsabilidades específicas.

La planificación no tiene nada de malo en sí misma, entre otras razones, porque ordena y orienta las acciones institucionales. Indudablemente las iglesias evangélicas necesitan utilizar de manera adecuada esta herramienta de la administración moderna para perfilar mejor su horizonte de trabajo misionero. Sin embargo, tienen que hacerse continuamente preguntas orientadas a examiniar tanto sus motivaciones como las herramientas que se utilizan para la misión. Preguntas como: ¿Limita la planificación humana la acción soberana del Espíritu Santo?, ¿de qué manera se relacionan o se distancian en cierto momento la agenda humana y la agenda del Espíritu? Hechos 16.6–10, un pasaje clave en el que se relata el avance misionero de la primera generación cristiana, ayuda a responder estas preguntas.

Los planes humanos

Un estudio del libro en mención revela que, desde su primer viaje misionero, el apóstol Pablo y sus compañeros de viaje tenían una hoja de ruta, un plan de viaje, una agenda precisa. Ellos no viajaron a la deriva o de una manera desorientada recorriendo ciudades y regiones del imperio romano. Pablo, estratégicamente, comenzaba su labor misionera en los grandes centros urbanos, desde los cuales se podía posteriormente alcanzar los pueblos cercanos. Él tenía, como se puntualiza en el texto bíblico una hoja de ruta previamente diseñada. Había planificado alcanzar ciertas ciudades con el evangelio. Esto explica por qué Lucas, cuando registra los viajes del apóstol Pablo en *Hechos de los Apóstoles*, precisa que:

> Y atravesando Frigia y la provincia de Galacia, les fue prohibido por el Espíritu Santo hablar la palabra en Asia; y cuando llegaron a Misia, intentaron ir a Bitinia, pero el Espíritu no se lo permitió. Y pasando junto a Misia, descendieron a Troas.
>
> Hechos 16.6–8

En este texto se precisa que Pablo tenía la intención de evangelizar la provincia romana de Asia. La evangelización de esa área geográfica estaba dentro de sus planes inmediatos. Sin embargo, cuando estaba en tránsito a ese lugar, a él y a sus compañeros de viaje les fue prohibido por el Espíritu Santo comunicar el evangelio en esa región. Y, como consecuencia de ese hecho, tuvo que darse un cambio en su plan de viaje, un rediseño de la agenda previamente establecida[21]. Obedeciendo a la voz del Espíritu Santo, ellos

---

21 Al respecto, Kistemaker, señala que: «Por el texto sabemos que Pablo había planeado ir hacia el oeste, a la provincia de Asia (la parte occidental de Turquía). Suponemos que él quería visitar Efeso, ciudad localizada al sur del río Cayster, cerca del mar Egeo. Pero Lucas dice que el Espíritu Santo no les permitió entrar en esa provincia. Algunos años más tarde, durante su tercer viaje misionero, Pablo habría de ministrar a la gente de la provincia de Asia y particularmente a los que vivían en Efeso (19.1–12) [...]» (Kistemaker 2001: 623).

decidieron dirigirse a otro lugar, y la región que escogieron en esta ocasión fue la zona de Bitinia. Pero nuevamente el Espíritu Santo no les permitió evangelizar en el lugar que habían escogido. ¿Qué indica este hecho? ¿Cómo entender la reiterada negativa del Espíritu Santo para que los misioneros evangelizaran en estos lugares que también necesitaban escuchar la buena noticia del reino de Dios?

Lo primero que resalta en el relato es que el plan de viaje o la hoja de ruta del apóstol Pablo no era un asunto cerrado ni un plan de actividades misioneras que encapsulaba la acción soberana del Espíritu o que intentaba controlar el poder del Espíritu. La segunda lección que se desprende del relato es la sensibilidad espiritual del apóstol Pablo y de sus compañeros de viaje. Ellos escucharon y obedecieron en todo momento las indicaciones del Espíritu Santo; lo cual expresa que tenían una apertura y una disposición a la Palabra y a la acción del Espíritu. La tercera lección que se deriva del relato es la manera como el apóstol Pablo adecuaba sus planes misioneros a la voluntad del Espíritu. Y esta es, precisamente, una exigencia y un desafío para los cristianos de todos los tiempos.

Las iglesias necesitan tener planes institucionales suficiente-mente claros para no andar a la deriva o sin rumbo definido, y los creyentes, como misioneros de Dios en sus realidades temporales particulares, necesitan tener una hoja de ruta precisa que señale la ruta por la que tienen que transitar. Esto es importante para caminar con seguridad en el mundo complejo y cambiante de estos días en que los desafíos éticos para los cristianos son múltiples; pero también es necesario no olvidar que como discípulos del Señor necesitamos ser sensibles y obedientes a la palabra y a las indicaciones del Espíritu Santo. En tal sentido, los planes humanos nunca deben ser capítulos cerrados en los que no cuenta para nada la acción soberana del Espíritu Santo, ni hechos que tratan de sujetarlo puesto que él actúa libremente en el mundo.

La voluntad del Espíritu

El relato de *Hechos de los Apóstoles* enseña que no siempre la voluntad del Espíritu Santo concuerda con los planes y las disposiciones humanas. En ocasiones, los planes humanos no están conectados con la voluntad del Espíritu Santo, afectando el testimonio cristiano y el avance misionero de una iglesia. En otros momentos, existen puentes de contacto entre lo que un misionero y una iglesia han planificado, y lo que el Espíritu Santo desea hacer en determinado lugar. Lo que importa es tener una sensibilidad espiritual que nos permita estar abiertos en todo momento a la palabra y la voluntad del Espíritu, tanto para no equivocarnos, como para no estorbar el avance misionero de la iglesia cristiana que siempre tiene que andar bajo el impulso del Espíritu.

La experiencia misionera del apóstol Pablo y de sus compañeros de viaje tiene muchas lecciones para nosotros. De acuerdo con el relato de Lucas, hasta en dos ocasiones, el Espíritu Santo les había prohibido o impedido evangelizar en ciertos lugares (Hch 16.6–7). Ellos entendieron y fueron obedientes a la voluntad del Espíritu Santo en ambas ocasiones. No habían elaborado un plan de viajes en el que no tenía cabida la acción soberana del Espíritu Santo. Fue todo lo contrario, ya que cuando el Espíritu Santo les dio indicaciones precisas, como discípulos fieles y obedientes a todo el consejo del Señor, esperaron sus instrucciones. Y, en efecto, cuando estaban en Troas, fueron instruidos para que prosiguieran su viaje misionero por la ruta que el Espíritu Santo había trazado.

Lucas describe así la circunstancia en la que el Señor habló al apóstol Pablo y el medio que utilizó para comunicarle su voluntad: *Y se le mostró a Pablo una visión de noche: un varón macedonio estaba en pie, rogándole y diciendo: Pasa a Macedonia y ayúdanos* (Hch 16.9).

Un apóstol sensible a la palabra del Señor y obediente a la voluntad divina es el que aparece en esta escena registrada por Lucas. Claramente, a través de una visión, Dios le habló al apóstol respecto a los planes misioneros que él tenía para que la buena noticia del reino de Dios penetrase en otros lugares. La ruta escogida por el Señor fue la región de Macedonia, lo que significaba la entrada del evangelio a Europa. De esa manera, bajo el impulso del Espíritu Santo, la frontera misionera se dilató aún más, y, como consecuencia de ese hecho, el evangelio cruzó no sólo fronteras geográficas, sino también nuevas fronteras culturales.

De esto se derivan varias lecciones para la tarea misionera de todos los tiempos. En primer lugar, está claro que el Espíritu Santo es quien dirige la obra misionera y ensancha las fronteras de esta. En segundo lugar, está claro también que el Señor utiliza diversos medios para comunicar su voluntad a los misioneros que él ha enviado. En tercer lugar, está claro que las instrucciones del Señor siempre son precisas, porque Él nunca desorienta a sus hijos ni los confunde con instrucciones poco claras o difusas. Finalmente, está claro que en la misión cristiana se necesita ser sensibles a la voz del Espíritu, aunque parezca que sus indicaciones están fuera de lugar según los criterios humanos.

La ruta de la obediencia

El camino de la obediencia es la ruta por la que tienen que transitar todos los discípulos del Señor Jesús. Así lo entendieron el apóstol Pablo y sus colaboradores, cuando en uno de sus viajes misioneros, les fue prohibido o impedido por el Espíritu Santo evangelizar en las regiones de Asia y de Bitinia. Ellos fueron obedientes a las palabras y a la voluntad del Espíritu Santo y, posteriormente lo fueron también a las indicaciones precisas para que evangelizaran la zona de Macedonia[22]. Lucas señala que, cuando estaban en Troas, Dios le habló al apóstol Pablo, y por esa razón: [...] *cuando vio la visión, enseguida procuramos partir para Macedonia, dando por cierto que Dios nos llamaba para que les anunciásemos el evangelio* (Hch 16.10).

El apóstol Pablo y su equipo de colaboradores, entre los cuales se encontraba Lucas, como se indica en el texto bíblico, fueron obedientes al encargo divino. Todos ellos entendieron que en la agenda del Espíritu Santo, antes que región de Asia, estaba primero la evangelización de la amplia región de Macedonia; y en esa estratégica región, que era la puerta de entrada a Europa, la ciudad de Filipos ocupaba un lugar privilegiado como colonia romana. Esto explica por qué el apóstol Pablo y sus colaboradores, obedeciendo las indicaciones del Señor, se dirigieron a Macedonia.

---

22 De acuerdo con Bruce: «Si el plan original de Pablo era evangelizar la costa oriental del Egeo plantando el cristianismo en Efeso, aquella gran metrópoli en la cual *el este miraba hacia el oeste*, entonces únicamente se vio postergado, no totalmente descartado. Pero primero Pablo fue dirigido a la costa occidental del Egeo para plantar la fe en Filipos, Tesalónica, Berea y Corinto, antes de establecerse en Efeso. Primero debían evangelizarse los puntos estratégicos en la circunferencia del círculo del cual Efeso era el centro —o sea Macedonia y Acaya, así como en el sur de Galacia— y luego él debía completar su obra con toda el área mediante casi tres años de ministerio en el centro. Las intervenciones del Espíritu no frustraron la estrategia de Pablo, sino que aumentaron su eficacia» (Bruce 1998: 363).

Lucas describe así la travesía misionera del apóstol y de sus colaboradores desde Troas a Filipos:

> Zarpando, pues, de Troas, vinimos con rumbo directo a Samotracia, y el día siguiente a Neápolis; y de allí a Filipos, que es la primera ciudad de la provincia de Macedonia, y una colonia; y estuvimos en aquella ciudad algunos días.
>
> Hechos 16.11–12

Claramente se señala que Pablo y sus compañeros de viaje misionero fueron obedientes a la voluntad del Espíritu Santo. No diseñaron en esta ocasión su propia agenda. Esperaron en Troas las indicaciones del Señor de la misión; y cuando recibieron las indicaciones del Señor, sin pretextos y sin demoras, fueron al lugar que Dios había escogido para que ellos proclamasen la buena noticia del reino de Dios.

La evangelización en la ciudad de Filipos no fue nada fácil; pero la llegada del evangelio a esa ciudad produjo un terremoto social que transformó a individuos como la acaudalada Lidia; a las víctimas de la opresión, como la muchacha que era explotada por sus amos, y al curtido carcelero de Filipos, que era un instrumento de opresión al servicio del imperio romano (Hch 16.11–40). La experiencia de evangelización en la ciudad de Filipos demuestra que el camino de la obediencia está signado de problemas y de situaciones críticas que ponen en riesgo la integridad física de los discípulos. Pero así es la ruta de la obediencia que la transitan solamente aquellos que andan en el Espíritu; una ruta que se transita confiando en todo tiempo en la misericordia del Señor, que ha prometido acompañar a sus hijos en todas las circunstancias en la que ellos se encuentren cumpliendo con el encargo misionero que han recibido.

La tarea permanente

La planificación de las tareas que se quieren emprender, señalando los objetivos y las metas con precisión, siempre será importante para la empresa misionera, especialmente para que, tanto las iglesias como los discípulos, no sean ni improvisados ni desordenados en el cumplimiento de la misión que el Señor les ha encomendado. Sin embargo, nunca la planificación humana, por más que se utilice hábilmente la moderna tecnología y por más precisión de datos que se tenga sobre la realidad del campo misionero, debe pretender atar o sujetar al Espíritu, creyendo que él tiene que someterse a sus criterios de eficacia y a sus énfasis teológicos particulares. Menos aún, puede pretender que el Espíritu está obligado a limitar su acción a los parámetros teológicos o a los principios de misión que los estrategas o los expertos han diseñado, creyendo que pueden enclaustrar en sus presupuestos humanos la iniciativa divina en la misión y el poder del Espíritu.

En tal sentido, andar en el Espíritu implica estar abiertos en todo tiempo a la iniciativa misionera del Dios misionero que dilata el horizonte de la misión, impulsando a los misioneros al cruce de nuevas fronteras culturales, sociales y políticas. En otras palabras, agenda divina y agenda humana caminan de la mano en ciertos momentos de la historia misionera; pero en otros momentos, la agenda del Espíritu puede cambiar los planes humanos insertando a los misioneros en realidades que ellos no habían considerado como campo de misión o como terreno propicio para sembrar la buena noticia del reino de Dios.

Lo que se requiere en esos casos —en realidad en todos los casos— es una permanente apertura y sumisión a la voluntad del Espíritu, que es quien llama, capacita, envía, empodera, acompaña y sostiene en la misión; pero también es quien ensancha el horizonte de la misión, colocando nuevos puntos en la agenda misionera, señalando las nuevas fronteras que se debe cruzar, e insertando en esos lugares a los misioneros que él ha formado para que allí den cuenta de la esperanza que tienen en el poder de Dios, que quiebra todas las estructuras de pecado.

11

TEMPLOS DEL ESPÍRITU

Huid de la fornicación. Cualquier otro pecado que el hombre cometa, está fuera de su cuerpo; mas el que fornica, contra su propio cuerpo peca. ¿O ignoráis que vuestro cuerpo es templo del Espíritu Santo, el cual está en vosotros, el cual tenéis de Dios, y que no sois vuestros? Porque habéis sido comprados por precio; glorificad, pues, a Dios en vuestro cuerpo y en vuestro espíritu, los cuales son de Dios.

1 Corintios 6.18–20

Cada cierto tiempo aparecen lemas relacionados con la libertad sexual que ciertos sectores de la sociedad promueven y defienden argumentando que los seres humanos tienen el legítimo derecho de utilizar su cuerpo como lo crean conveniente y según sus intereses y necesidades particulares. Así, hasta hace poco tiempo atrás, la frase favorita en muchos círculos juveniles era: *la virginidad produce cáncer.*

Actualmente se escucha la misma idea adaptada a las nuevas circunstancias: *la virginidad produce SIDA*. En otras palabras, para las personas que se califican a sí mismas como liberales y sin prejuicios, el libertinaje sexual, incluyendo las relaciones prematrimoniales y las llamadas «opciones» sexuales de este tiempo como la homosexualidad y el lesbianismo, son conductas «normales» que se pueden adoptar sin mayores problemas o inconvenientes[23].

Para la mayoría de estas personas que se consideran libres de todo prejuicio, según su punto de vista, lo «anormal» sería que una señorita se mantuviera virgen hasta que se casare y que un joven se conservara puro o casto hasta el matrimonio. Pero estas no son las únicas cuestiones críticas que se tienen que afrontar en este tiempo, ya que para un alto porcentaje de ciudadanos, incluso para los diseñadores de la política poblacional del Estado, la tarea de esta hora se reduce simplemente a la información y a la prevención para que las personas —especialmente los jóvenes— no adquieran las enfermedades de transmisión sexual (ETS).

Esto es bastante claro en anuncios como: *Sexo: aprende a protegerte*. Dentro de ese clima de libertinaje sexual,

---

23 Aunque lo que más se conoce en los círculos evangélicos, particularmente en las ONG que trabajan con niños, adolescentes y mujeres, es la llamada inclusividad de género, no siempre se tiene la debida información de que detrás de un interés por el trato igual a los varones y a las mujeres, se encuentran propuestas más complejas que no se corresponden con la enseñanza bíblica, ya que si se asume que la identidad de género es una construcción social y que, como consecuencia de ello los roles masculinos y femeninos son socialmente transmitidos y son aprendidos, entonces, existe la posibilidad de que uno pueda tener una «opción sexual» distinta a las «opciones tradicionales» de hombre o mujer. Así, uno puede optar por ser homosexual, lesbiana, gay o travestí, en lugar de hombre o mujer.

promovido particularmente a través de los distintos medios de comunicación social y en cierto sentido legitimado por las autoridades cuando reparten preservativos a los muchachos en edad escolar, los cristianos evangélicos tenemos que responder a preguntas cruciales como la siguiente: ¿Libertinaje o dominio propio? Más aún, ¿cuáles son las decisiones éticas que los cristianos tienen que hacer en esa coyuntura particular? Al respecto, las palabras del apóstol Pablo registradas en 1 Corintios 6.18–20, son especialmente valiosas para este tiempo de relajo moral y de permisividad sexual. De este texto bíblico se deduce que la doctrina cristiana tiene consecuencias éticas indeclinables. Así, según la enseñanza del Nuevo Testamento, cada discípulo de Jesús de Nazaret es un templo del Espíritu Santo. ¿Qué significa ese hecho para el testimonio cristiano? Tres lecciones fundamentales se derivan de 1 Corintios 6.18–20, y cada una de ellas tiene desafíos éticos insoslayables.

Dominio propio

Los cristianos no están llamados a la práctica del libertinaje sexual. La libertad cristiana tiene límites específicos. Así lo señaló el apóstol Pablo cuando escribió la *Primera Epístola a los Corintios*. Como ocurre en este tiempo, también en el primer siglo en la iglesia de Corinto, había creyentes que tenían una frase favorita para justificar su conducta sexual equivocada. La frase o el lema favorito de ellos era: *Todas las cosas me son lícitas* [...] (1Co 6.12).

Los cristianos de Corinto utilizaban ese lema para argumentar que tenían la libertad de hacer con su cuerpo lo que la naturaleza humana les exigía, es decir, la práctica de las inmoralidades sexuales. El apóstol Pablo respondió a esta idea falsa señalando que los cristianos tienen dos criterios o principios que deben guiar sus decisiones éticas en todo asunto relacionado con la conducta diaria, particularmente, la conducta sexual. Estas fueron sus palabras: *Todas las cosas me son lícitas, mas no todas convienen; todas las cosas me son lícitas, mas yo no me dejaré dominar de ninguna* (1Co 6.12). De este texto bíblico se desprenden dos de los límites que tiene la libertad cristiana, respecto a los temas sexuales, para que la libertad que el creyente tiene en Cristo no se convierta en libertinaje. En primer lugar, los cristianos deben tener en cuenta si lo que se desea practicar es de provecho para su salud espiritual y para la edificación de la iglesia. En segundo lugar, los cristianos, a diferencia de los no cristianos, tienen que ejercitar su capacidad de dominio propio, y esto implica tener una conducta individual y pública radicalmente distinta a la de la sociedad predominante, en la que se actúa según la lógica humana que indica que los deseos y los apetitos sexuales tienen que ser satisfechos, puesto que la exigencia bíblica indica lo contrario a la lógica humana: los creyentes no tienen que practicar la inmoralidad sexual. Precisamente ese fue el consejo del apóstol Pablo a los cristianos de la ciudad de Corinto: *Huid de la fornicación. Cualquier otro pecado que el hombre cometa, está fuera de su cuerpo; más el que fornica, contra su propio cuerpo peca* (1Co 6.18).

Para huir o alejarse de la fornicación (la palabra que se utiliza es *porneia* que en el lenguaje bíblico significa la práctica de las inmoralidades sexuales y no meramente tener relaciones sexuales antes del matrimonio) es indispensable la práctica del dominio propio. En tal sentido, los creyentes deben entender que los órganos sexuales no son para utilizarlos en cualquier ocasión, o cada vez que se tenga una necesidad sexual. Tienen que entender, además, que no están obligados a seguir la lógica humana, según la cual los órganos sexuales deben estar en constante actividad para que cumplan su función natural y para que no se «oxiden» o «deterioren».

Para los cristianos, los principios del evangelio siempre tienen que estar por encima de los criterios libertinos respecto al campo sexual y de las prácticas sexuales contrarias al propósito de Dios que caracterizan a la sociedad actual.

El ejercicio del dominio propio no es asunto sencillo ni una tarea fácil, particularmente, dentro de una sociedad permisiva en materia sexual. Los cristianos pueden ser calificados y catalogados de pasadistas y de atrasados debido a sus principios éticos que no coinciden con los criterios corrientes en la sociedad predominante. La fidelidad conyugal, el cuidado del cuerpo como templo del Espíritu, el respeto de la dignidad humana del prójimo, la honestidad en las relaciones sentimentales, la pureza en la vida matrimonial, la abstinencia sexual antes del matrimonio, entre otros, son principios éticos radicalmente distintos al estilo de vida de la inmensa mayoría de los hombres y mujeres de este tiempo. Sin embargo, más allá de ser catalogados como «aguafiestas» y como «santurrones», siempre será mejor obedecer las indicaciones éticas del evangelio, antes que las indicaciones de los apetitos carnales o las necesidades sexuales.

Templos del Espíritu

Las preguntas tienen la virtud de obligarnos a pensar y a examinar ciertos asuntos que requieren de una respuesta inmediata o de un tiempo prudente de reflexión. En ocasiones, la respuesta a las preguntas que nos hacen las personas está vinculada también con decisiones importantes que se deben hacer en un corto plazo. Actualmente estamos en un mundo en el que se tienen que tomar decisiones rápidas y, para ello, se necesitan criterios bíblicos sólidos para responder adecuadamente a los desafíos éticos de cada día. Uno de los temas contemporáneos, presente en la agenda cotidiana de las iglesias cristianas, es el tema del valor de nuestro cuerpo. La pregunta que se plantea en este clima de relajo sexual es la siguiente: ¿Cómo debemos valorar y cómo debemos tratar a nuestro cuerpo ahora que somos cristianos? Este parece haber sido el asunto que el apóstol Pablo trató de que los corintios pensaran con cuidado antes de hacer un mal uso de su cuerpo. Al respecto, la pregunta formulada por el apóstol Pablo tiene enorme relevancia para este tiempo: *¿O ignoráis que vuestro cuerpo es templo del Espíritu Santo, el cual está en vosotros, el cual tenéis de Dios, y que no sois vuestros?* (1Co 6.19).

Un poco antes les había recordado que los cristianos ya no debían utilizar su cuerpo para la fornicación o la inmoralidad sexual (1Co 6.14). Para Pablo estaba bastante claro que los creyentes, porque eran miembros del Cuerpo de Cristo, tenían que vivir una vida de santidad que incluía el uso que hacían de su cuerpo (1Co 6.15). Al respecto, preguntas clave como: ¿Somos conscientes de que nuestros cuerpos son miembros de Cristo? ¿De qué formas podemos estar contaminando y manchando la santidad de nuestro cuerpo? ¿Tenemos una relación amorosa prohibida, caricias íntimas indebidas, autosatisfacción sexual, sexo antes de tiempo, o practicamos cierta inmoralidad sexual?; pueden ayudarnos a reflexionar sobre el valor de nuestro cuerpo como templo del Espíritu. Aquí se debe tener en cuenta que el camino cristiano, a luz del hecho de que un creyente es templo del Espíritu Santo, es el camino de la santidad.

En tal sentido, para los cristianos la relación sexual es santa, hermosa, plena y legítima, únicamente dentro del matrimonio. Esto significa que toda relación sexual ajena a la vida conyugal es contraria a la voluntad de Dios. Y nos debe servir de advertencia, además, para pensar cuidadosamente en el llamado a la santidad cuando se tiene una relación sentimental con alguien que no comparte nuestra fe en el Señor, ya que el no creyente no le dará a su cuerpo ni a nuestro cuerpo el valor que un creyente sabe que este tiene como templo del Espíritu[24].

El consejo pastoral del apóstol Pablo a los creyentes de la ciudad de Corinto es bastante claro y explícito: *Huid de la fornicación* [...] (1Co 6.18). Desde su punto de vista, los cristianos de Corinto tenían que hacer todo lo posible para no coquetear ni jugar con el pecado y, particularmente, tenían que evitar la práctica de cualquier inmoralidad sexual que pudiera contaminar su cuerpo (1Co 6.18).

El apóstol Pablo les aconsejó que guarden en santidad su cuerpo porque este era templo del Espíritu Santo y porque ellos habían nacido de nuevo y pertenecían a la iglesia del Señor. Más aún, utilizando una pregunta provocadora (*¿O ignoráis que vuestro cuerpo es templo del Espíritu Santo* [...]?), Pablo estaba buscando que los creyentes de Corinto

---

24 Analizando este texto bíblico, particularmente respecto al valor que tiene nuestro cuerpo, Fee hace una importante precisión. Afirma que este «pasaje debe enterrar para siempre el dualismo implícito de tanto de lo que se ha hecho pasar por cristiano, en el que al cuerpo se le rechaza, se le sojuzga o se le da rienda suelta con el argumento de que no tiene ninguna importancia para la *verdadera salvación* o incluso es un obstáculo para ella, pues se alega que esa salvación solo tiene que ver con el *alma*» (Fee 1994: 285–286).

recuerden cuál era su relación con Dios. Quería que no olviden que eran templo del Espíritu Santo y que en virtud de su unión con Cristo, cada uno de ellos, formaba parte de la comunidad cristiana y eran propiedad de Dios. ¡Que inmenso privilegio y que tremenda responsabilidad! Los cristianos de la ciudad de Corintio, como los cristianos de este tiempo, están llamados a vivir como templos del Espíritu Santo, y por esa razón, tienen que evitar ser esclavos de sus hormonas o de sus apetitos sexuales.

Queda claro, entonces, que los cristianos tienen que mantener limpio su cuerpo que es templo del Espíritu Santo. Y esta tarea no es nada fácil. Ya que los desafíos y las tentaciones son múltiples e, incluso, bastante sutiles, dentro de una sociedad permisiva en la que se promueve de muchas formas el libertinaje sexual.

Agradando a Dios

Con mucha frecuencia, los evangélicos tenemos la tendencia de considerar o de tratar a nuestro «espíritu» y a las llamadas cosas «espirituales», como más importantes o de más valor que el cuerpo y que las necesidades humanas de alimentación, salud y vivienda. Esto es así, porque se tiene la idea de que asuntos como la alimentación y la salud, son secundarias si se las compara con todas aquellas cosas que catalogamos como «espirituales».

A menudo, se hace una falsa división o dicotomía, entre las cosas del espíritu y las cosas que comúnmente llamamos carnales. Esta es una idea que viene de la influencia del pensamiento griego que despreciaba el cuerpo humano por considerarlo como la «cárcel del alma» y qué no tiene ninguna relación con la perspectiva bíblica acerca del ser humano. Para el apóstol Pablo, tanto nuestro cuerpo como nuestro espíritu forman un todo, ya que Jesús murió en la cruz por el ser humano completo y no únicamente por aquella parte que nosotros denominamos «espiritual».

Desde la perspectiva del apóstol Pablo, bastante distinta a la forma como los griegos valoraban al cuerpo humano, la salvación —que incluye al cuerpo— tiene un precio bastante alto. Estas fueron sus palabras: *Porque habéis sido comprados por precio: glorificad, pues, a Dios en vuestro cuerpo y en vuestro espíritu, los cuales son de Dios* (1Co 6.20). La idea que transmite el apóstol Pablo es fundamental. Quería que los corintios recordaran y nunca olvidaran que su salvación o liberación de la muerte y del pecado había tenido un costo bastante elevado, un precio muy alto, un valor imponderable, y, por eso mismo, tenían que valorar su cuerpo de una manera radicalmente distinta a la manera en que lo habían valorado anteriormente. Como lo ha precisado Fee:

> El cuerpo es el santuario del Espíritu que habita dentro de él, y por lo tanto no es propiedad de uno sino de Dios, quien lo adquirió mediante la obra de la cruz [...] Puesto que el cuerpo es de Dios, uno no debe usarlo en una relación sexual ilícita; más bien, uno debe hacer de él un templo casto con el cual se honre a Dios (Fee 1994: 301).

El apóstol Pablo estaba buscando que los corintios valorasen la nueva vida que ahora tenían para que no regresaran nuevamente a la forma de vida que tenían antes de convertirse a la fe cristiana. Y es que el precio de su salvación había sido la muerte de Jesús en la cruz, y por esa razón fundamental, los corintios tenían que vivir cada día en santidad dando gloria y alabando a Dios en todo lo que hacían[25], lo que incluía, por supuesto, el uso de su cuerpo a luz del valor que este tenía como templo del Espíritu. Particularmente, la razón fundamental por la que los cristianos de la ciudad de Corinto tenían que dar gloria a Dios como personas redimidas por su gracia, era porque toda su vida —cuerpo y espíritu— le pertenecía ahora al Señor: *los cuales son de Dios* (1Co 6.20). La misma demanda o exigencia sigue vigente para los cristianos de este tiempo. En otras palabras, si nuestra salvación tiene un costo bastante elevado, ya no debemos seguir dando culto a los deseos o apetitos carnales ni dejar que la inmoralidad sexual continúe contaminando nuestro cuerpo, que es propiedad de Dios. Ahora tenemos que agradar a Dios, honrarle todo el tiempo, porque nuestro cuerpo es su santuario y propiedad de Él.

La tarea permanente

La vida en el Espíritu, como se puede deducir de lo que hasta aquí se ha discutido, no está restringida a lo que comúnmente —y equivocadamente durante muchos años— hemos calificado como las cosas espirituales, diferenciándola de lo que se ha considerado tradicionalmente como lo profano, lo secular, lo no espiritual, haciendo así una peligrosa dicotomía que tuvo efectos desastrosos para el testimonio público de las iglesias cristianas y de los creyentes como ciudadanos de una polis determinada.

Que el creyente sea templo del Espíritu y que tenga una ética precisa distinta a la ética que predomina en la sociedad

---

25 Un autor acota que «el precio pagado por los pecados no era una piadosa ficción, sino el precio real de la muerte del Salvador. El resultado es llevarnos hacia una esfera donde somos libres» (Morris 1985: 100).

circundante, no indica necesariamente que el creyente sea un enajenado social que ha optado por diferir su vida al más allá, como tampoco indica que su ética esté desconectada de la historia. Cierto es, como se señala en la sección de la *Primera Epístola a los Corintios* que hemos examinado, que nuestros criterios respecto al valor y al uso de nuestro cuerpo son —y tienen que ser— radicalmente distintos de los que criterios que operan en las sociedades humanas en las que los discípulos están inmersos. Sin embargo, esto no significa que el cristiano se enclaustra o se aliena de la realidad en la que está situado, o que su testimonio no tiene ninguna relación con las cuestiones públicas de la polis en la que vive; ya que ser templo del Espíritu, si bien reorienta los valores y la conducta individual de los creyentes, las reorienta para que el discípulo se inserte como ciudadano responsable en la realidad material en la que vive y, desde dentro de esa realidad concreta, dé cuenta de su condición de persona nacida de nuevo por la fe en Cristo Jesús.

LOS DONES DEL ESPÍRITU

INTRODUCCIÓN

La compresión pentecostal de la vida en el Espíritu responde a cuestiones como: ¿Sobre quiénes está el Espíritu? ¿A quiénes habla el Espíritu? ¿A quiénes guía, impulsa o moviliza el Espíritu?, cuestiones que son temas recurrentes en la historia de la iglesia y que se presentan como asuntos ineludibles cuando se discute sobre la identidad evangélica y la espiritualidad cristiana. El otro tema ineludible en la agenda de discusión de las iglesias cristianas, particularmente desde la emergencia del movimiento pentecostal en el escenario religioso mundial, es el tema de los Dones del Espíritu.

No todas las confesiones cristianas tienen una misma opinión teológica sobre este asunto crítico. Unos sostienen que los dones del Espíritu fueron únicamente válidos para el período apostólico. En tal sentido, según su particular punto de vista, ya no tienen vigencia en este tiempo y no forman parte de la obra del Espíritu en la actualidad. Otros, ubicándose en una línea intermedia —así lo creen— o en una posición supuestamente neutral, no niegan ni afirman tampoco la vigencia de los Dones del Espíritu en este tiempo. Declaran que están abiertos a la posibilidad de tener una experiencia pentecostal; sin embargo, prefieren no debatir teológicamente sobre este asunto.

En cambio los evangélicos pentecostales, sí afirman y mantienen como una pieza clave de su identidad y de su espiritualidad, la plena vigencia de los Dones del Espíritu para este tiempo, y sostienen que la misión de la iglesia

—y su vocación irrenunciable de proclamar con palabras y hechos la buena noticia del reino de Dios a todos los seres humanos— descansa en el impulso del Espíritu Santo que la capacita para cumplir de manera fiel y obediente con su vocación histórica.

En esta sección, partiendo de un análisis de *1 Corintios*, particularmente del capítulo 12 a la luz del mensaje de todo el libro y en conexión con los capítulos 13 y 14, examinaremos con cierto cuidado el tema crítico de los Dones del Espíritu y su relación con la vida interna de las iglesias y el testimonio común del pueblo de Dios.

Respecto al mensaje de *1 Corintios*, Paul Barnett considera que en este documento del Nuevo Testamento se tratan, por un lado, problemas relacionados con la conducta de los creyentes y, por otro, problemas vinculados con la doctrina (Barnett 1988: 14). León Morris sigue casi la misma línea interpretativa, indicando que esta epístola fue escrita con la intención principal de reformar la conducta de los creyentes, es decir, como una respuesta a las inquietantes irregularidades en ella. Precisa, además, que «la iglesia estaba en el mundo, como tenía que ser, pero el mundo estaba en la iglesia, como no tenía que ser» (Morris 1985: 26).

Desde otro enfoque, presentando una propuesta de reconstrucción del problema que dio origen a la epístola, Gordon Fee sostiene que:

> [...] la situación histórica en Corinto era una situación de conflicto entre la iglesia y su fundador. Esto no niega que la iglesia estuviera experimentando contiendas internas, sino que afirma que el principal problema de «división» se hallaba entre Pablo y algunos miembros de la comunidad que estaban empujando a la iglesia entera hacia una

forma antipaulina de ver las cosas. Para Pablo, este conflicto representaba una crisis doble: crisis en cuanto a su propia autoridad y crisis en cuanto a su evangelio. Es más, el problema clave entre Pablo y ellos, que originó ambas crisis, tiene que ver con la forma corintia de entender lo que significa ser «espiritual» (*pneumatikos*). [...] Aunque no se puede estar seguro, lo más probable es que la forma en que ellos entendían el ser *pneumatikos* estuviera relacionada con su experiencia de la inspiración del Espíritu, especialmente su énfasis excesivo en el don de lenguas [...] Si como se sugiere en 13.1, el «hablar en lenguas angélicas» refleja su propia comprensión de ese don, entonces puede empezar a apreciarse por qué fue que lo convirtieron en el criterio básico para su comprensión de la espiritualidad. Para ellos la glosolalia era la evidencia de que ya habían tomado la existencia espiritual de los ángeles. Esto, a su vez, probablemente está relacionado con el interés que mostraban por la *sofia* y la *gnosis* (sabiduría y conocimiento), dos palabras que aparecen primordialmente en el contexto de aberraciones específicas de conducta (capítulos 1–4 y 8–10 respec tivamente) [...] Muy ligadas a estos hay otras dos aberraciones teológicas cruciales: (i) Su visión del mundo ha sido contaminada (así se les había inculcado durante toda su vida) por un dualismo helenístico. Como eran «espirituales», les importaba muy poco la continuación de su existencia en el mundo material, incluyendo el cuerpo [...] (ii) Por último, y probablemente en estrecha relación con lo anterior, tenemos la posibilidad de que tuvieran una visión escatológica excesivamente «realizada» de su existencia presente, para lo cual he acuñado la poco elegante expresión «escatología espiritualizada». Esto provendría directamente de su opinión de sí mismos como *pneumatikoi* (gente del Espíritu, cuya existencia presente ha de entenderse en términos estrictamente espirituales). El Espíritu pertenece al *ésjaton*, y ellos ya están experimentado el Espíritu a pleno. Si el don de lenguas se entiende como la «lengua de los ángeles», entonces su experiencia de la glosolalia es para ellos evidencia de que ya han llegado a la meta [...] ¡Ya hablan el idioma del Cielo! [...] (Fee 1994: 9, 14–15).

A la luz de la discusión precedente, está claro que uno de los temas clave de la *Primera Epístola a los Corintios*, problema relacionado con la conducta de los creyentes, es el de los Dones del Espíritu, particularmente el don de lenguas o glosolalia. Pero este no es el único don que se trata en 1 Corintios 12–14, como tampoco es el único don que se menciona en otros documentos del Nuevo Testamento. Así que, como ya se ha señalado en otro momento, a lo largo de esta sección se examinará con cierto cuidado el mensaje de 1 Corintios 12 a la luz de la enseñanza del Nuevo Testamento y, particularmente, considerando la comprensión que las iglesias pentecostales tienen sobre este texto bíblico fundamental para la articulación de su espiritualidad.

12

LOS CRISTIANOS
Y LOS DONES ESPIRITUALES

No quiero, hermanos, que ignoréis acerca de los dones espirituales. Sabéis que cuando erais gentiles, se os extraviaba llevándoos, como se os llevaba, a los ídolos mudos. Por tanto, os hago saber que nadie que hable por el Espíritu de Dios llama anatema a Jesús; y nadie puede llamar a Jesús Señor, sino por el Espíritu Santo.

1 Corintios 12.1–3

Las iglesias evangélicas de este tiempo, entre ellas, un porcentaje significativo de las numerosas y crecientes iglesias pentecostales del sur del mundo, parecen no tener una adecuada comprensión bíblica sobre la persona y la obra del Espíritu y, particularmente, sobre la vigencia de los dones del Espíritu como combustible indispensable para que puedan cumplir de manera fiel y responsable con su vocación misionera en las realidades históricas en las que se encuentran.

Este descuido es fatal para el testimonio individual y público de los cristianos evangélicos en los distintos espacios sociales en los que están presentes como artesanos la paz, pregoneros de la justicia y embajadores de la reconciliación. En tal sentido, un examen de la enseñanza bíblica sobre los dones del Espíritu, siempre será necesaria. El apóstol Pablo fue consciente de este hecho y, por esa razón, escribió sobre este tema cuando les envió una epístola a los cristianos de la ciudad griega de Corinto. ¿Qué estaba pasando con los cristianos de la ciudad de Corinto? ¿Cuáles fueron los problemas pastorales que el apóstol Pablo tuvo que enfrentar?

Una lectura de la *Primera Epístola a los Corintios* revela que uno de los problemas neurálgicos en esa comunidad de discípulos estaba relacionado con la comprensión que ellos tenían sobre los dones del Espíritu, especialmente, sobre el don de lenguas o la capacidad de hablar en idiomas ininteligibles y extraños. Los capítulos 12–14 de *1 Corintios* tratan específicamente sobre este problema. Pero es en el capítulo 12 donde se exponen varios de los asuntos críticos que estaban afectando la unidad de la iglesia de Corinto y la comprensión del propósito de Dios para la vida de la iglesia. Para comprender mejor esta crítica situación, un primer paso será examinar con cierto cuidado 1 Corintios 12.1–3, un texto bíblico en el cual se trata sobre los creyentes y los dones espirituales. En este pasaje, entre otros temas, se precisa cuál fue la preocupación, la pedagogía y la advertencia específica de Pablo a los creyentes de Corinto.

La preocupación apostólica

A menudo la concentración en las luchas por el poder y en la discusión de asuntos secundarios o periféricos para la vida y misión de las iglesias, desconcentra a los pastores y a los líderes, tanto de la preocupación por preservar la sana doctrina, como de la responsabilidad de formar bíblicamente a los miembros de las iglesias para que estos sientan, piensen y actúen como creyentes en todo tiempo. Esta desconcentración atenta contra la salud espiritual de la iglesia y debilita su testimonio integral en el mundo. Una situación que puede empeorar, si no se tiene en cuenta que la desinformación y el desconocimiento sobre los temas vertebrales de la fe bíblica, tiene consecuencias peligrosas y devastadoras para las iglesias cristianas.

Para el apóstol Pablo, tanto la desinformación como el desconocimiento de los temas doctrinales centrales de la fe bíblica, no tenían que ser ni características distintivas de la iglesia ni marcas visibles del discipulado cristiano. La preocupación pastoral del apóstol Pablo se expresó de múltiples formas. Las diversas epístolas que escribió a diferentes iglesias como la de Filipos, Efeso, Colosas y Tesalónica, dan cuenta de esa preocupación y de la manera responsable como respondió a las preguntas cotidianas de los creyentes sobre los problemas que surgieron en las primeras comunidades de discípulos, cuando ellas tuvieron que hacer frente a los dilemas éticos que se presentaron en el clima cultural en el que tenían que dar testimonio de su fe en Jesús de Nazaret encarnado, crucificado y resucitado.

Esto explica por qué cuando se enteró de los problemas que existían en la iglesia de la ciudad de Corinto respecto a los dones espirituales y, particularmente al abuso del don de lenguas en las reuniones comunitarias, expresó lo siguiente en la primera epístola que escribió a los corintios: *No quiero, hermanos, que ignoréis acerca de los dones espirituales* (1Co 12.1).

Los creyentes de esa ciudad tenían, indudablemente, cierto conocimiento de la perspectiva cristiana acerca de los dones espirituales. Sin embargo, sobrevalorar dones como el de la *glosolalia* o hablar en otras lenguas, les había llevado a posiciones extremas como el hecho de afirmar que debido a la capacidad que tenían de hablar en otras lenguas —según su opinión ya hablaban lenguas de ángeles o idiomas celestiales— ya eran como los ángeles y, por lo tanto, verdaderamente *pneumatikos* o espirituales (Fee 1994: 649). Consecuentemente, ellos habían llegado a creer que no necesitaban ni la sexualidad en el tiempo presente (1Co 7.1–7) ni el cuerpo en el futuro (1Co 15.1–58), debido a su condición de *pneumatikos* (Fee 1994: 649). En tal sentido, según su punto de vista, hablar en otras lenguas constituía una señal incontrovertible de que ellos habían alcanzado un nivel superior de espiritualidad.

Para Pablo, esta actitud de un sector de los creyentes de la ciudad de Corinto, demostraba que ellos no tenían suficiente conocimiento de la perspectiva bíblica de los dones espirituales, y que por esa razón la práctica de dones como el hablar en otras lenguas había derivado en posiciones extremas que estaban, incluso, fuera del marco de comprensión cristiana de este tema.

Frente a esa crítica situación, él se propuso corregir esta deficiencia que estaba minando la salud espiritual de la iglesia; lo que explica por qué utiliza en esta sección de la epístola la frase: *No quiero [...] que ignoréis acerca de los dones espirituales* (1Co 12.1), particularmente porque la ignorancia o el desconocimiento suelen tener como compañeras el desorden, las divisiones, los excesos, e incluso la herejía o el error en materia de fe. Y para evitar esa ignorancia, que a menudo conduce al error y al fraccionamiento de las comunidades de discípulos, siempre serán necesarias tanto una información adecuada y oportuna sobre las bases de la fe cristiana como una formación teológica integral.

La pedagogía apostólica

Respecto al problema que se presentó en la iglesia de Corinto, para Pablo estaba suficientemente claro que la sobrevaloración de dones como el hablar en otras lenguas, así como las consecuencias pastorales y éticas que de ese problema se derivaban, tenían que ser corregidos de inmediato ¿Cómo? Pablo utilizó como recurso pedagógico elementos religiosos y culturales del pasado pagano de los creyentes de Corinto que creían haber alcanzado un nivel espiritual superior. Esto explica por qué la primera parte del argumento del apóstol: *No quiero, hermanos, que ignoréis acerca de los dones espirituales* (1 Co 12.1), está conectada precisamente con la experiencia religiosa pasada de los corintios, una experiencia que formaba parte del mundo cultural en el que la iglesia de la ciudad de Corinto estaba situada. Estas fueron las palabras del apóstol Pablo: *Sabéis que cuando erais gentiles, se os extraviaba llevándoos, como se os llevaba, a los ídolos mudos* (1Co 12.2).

Los creyentes de la ciudad de Corinto no ignoraban ese pasado pagano. Tenían suficiente información y experiencia en ese campo particular[26]. Ellos mismos habían participado en los cultos paganos cuando todavía no eran creyentes y conocían lo que pasaba en las fiestas idólatras, particularmente, lo concerniente a las experiencias extáticas —los «discursos inspirados» que había en esas reuniones

---

26 En palabras de Fee: «[...] lo más probable es que esté recordándoles lo que ellos bien saben, que en algunos de los cultos paganos los *discursos inspirados* eran parte de la adoración, a pesar de los *ídolos mudos*» (Fee 1994: 654).

paganas en las que se pretendía hablar en nombre del dios que ellos adoraban— que para el apóstol Pablo estaban inspiradas por los demonios que actuaban detrás del culto a los ídolos paganos.

Desde la perspectiva del apóstol, una experiencia extática en sí misma no es prueba suficiente de que un individuo —varón o mujer— está inspirado por el Espíritu Santo, ya que la prueba del carácter cristiano de esa experiencia está en el contenido inteligible del discurso, un contenido que tiene que estar asociado íntimamente a la confesión cristiana del Señorío de Jesucristo[27]. Así que Pablo, utilizando pedagógicamente elementos del pasado religioso de los creyentes de la ciudad de Corinto, introduce los correctivos necesarios para resolver los problemas doctrinales, pastorales y éticos que se habían presentado en la iglesia de ese populoso centro urbano del mundo griego del primer siglo[28].

La lección que se deriva de la pedagogía apostólica es que la espiritualidad cristiana no depende de los discursos o de las palabras que un individuo pronuncia en las reuniones de la iglesia aduciendo que son inspirados por Dios, sino del contenido cristiano de ese discurso o de esas palabras, y este

---

27 Como lo ha precisado Fee: «[...] el *discurso inspirado*, por sí mismo no denota lo que es verdaderamente *espiritual*, si no que esto es denotado por el contenido inteligible de aquel discurso, contenido que a fin de cuentas se examina mediante la confesión cristiana básica del señorío de Jesucristo» (Fee 1994: 651).

28 Fee subraya que «es casi seguro que Pablo no se propone dar nueva información, sino un matriz adicional, o una corrección, al modo en el que ellos entienden *las cosas del Espíritu*. Pablo inicia su corrección de la *ignorancia* de ellos recordándoles algo del pasado pagano de ellos de lo cual todos eran conscientes» (Fee 1994: 652).

contenido no puede estar desconectado de una confesión del Señorío de Jesús, el único Señor Soberano de la iglesia. En tal sentido, todos nosotros debemos estar claros en que la proclamación de Jesús como Señor de todo el universo y como Salvador de todos los hombres, constituye un punto innegociable de la fe cristiana y la prueba de la autenticidad de nuestra comunión con Él y con su pueblo.

La advertencia apostólica

Un sector de los cristianos de la ciudad de Corinto, sobrevalorando la experiencia de hablar en otras lenguas, consideraba que esa experiencia sobrenatural les concedía un estatus espiritual superior al de los demás creyentes, y pensaban que ya eran —debido al hecho de hablar en otras lenguas— como los ángeles. Sin embargo, para el apóstol Pablo, el criterio de la verdadera espiritualidad y del carácter cristiano de un discurso inspirado, no estaba tanto en las experiencias extáticas —como el hablar en otras lenguas— en sí mismas, sino en la confesión cristiana **Jesús es el Señor**.

Así lo expresó el apóstol Pablo cuando escribió: *Por tanto, os hago saber que nadie que hable por el Espíritu de Dios llama anatema a Jesús; y nadie puede llamar a Jesús Señor, sino por el Espíritu Santo* (1Co 12.3). Claramente se perfila aquí la línea de separación que existe entre el discurso inspirado auténtico y un discurso espurio que está acompañado de ruido —y espectáculo religioso— y nada más.

De acuerdo con el apóstol Pablo, un discurso ininteligible como el hablar en otras lenguas, no constituía una prueba suficiente del carácter cristiano de ese discurso. La cuestión de fondo estaba en el contenido de ese discurso. En tal sentido, para él estaba suficientemente claro que el criterio último del contenido cristiano de un discurso, no era la pretensión de espiritualidad del instrumento humano o la capacidad que éste tenía para pronunciar palabras en un idioma extraño o ininteligible, sino en la confesión y exaltación de Jesús como Señor del universo. En otras palabras, si uno pretendía estar hablando bajo el impulso o la guía del Espíritu Santo, el contenido cristiano de ese discurso no podía jamás poner en tela de juicio el Señorío de Jesús o maldecir —llamar anatema— a Jesús de Nazaret.

Para Pablo, únicamente los discursos extáticos en los que de una manera clara e inequívoca se confesaba a Jesús como Señor podían ser atribuidos a la inspiración del Espíritu Santo. Lo mismo tiene que ser en este tiempo de diversificación del mercado religioso y de retorno a lo sagrado, un tiempo en el que la fe cristiana parece estar convirtiéndose en un simple producto religioso sujeto a la oferta y a la demanda, o en un artículo de consumo masivo que los habituales clientes del mercado religioso contemporáneo pueden aceptar o rechazar según el gusto de su cambiante paladar ávido de nuevos productos.

La lección que se deriva de esta advertencia apostólica a los creyentes de la ciudad de Corinto, es que el criterio último de la presencia y de la actividad del Espíritu Santo en el seno de una iglesia cristiana, es la confesión y exaltación de Jesús como Señor. A la luz de esa afirmación, se tiene que señalar que toda práctica que atente contra ese criterio innegociable y que en lugar de exaltar al Señor Jesús busque únicamente la gloria humana, así pretenda ser una expresión real y legítima de la presencia del Espíritu Santo en la comunidad de fe, está fuera del marco bíblico y constituye una clara negación de la fe cristiana.

Jesús es el Señor fue desde el comienzo de la iglesia cristiana, como lo atestiguan los documentos del Nuevo Testamento, la confesión pública innegociable de los discípulos de Jesús de Nazaret encarnado, crucificado y resucitado. Esa misma confesión de fe tiene que ser la marca visible del testimonio público de las iglesias cristianas de este tiempo y el criterio último para examinar todas las experiencias extáticas —discursos inspirados— que ocurren en sus cultos comunitarios. Consecuentemente, para todos nosotros, tiene que estar claro que las experiencias extáticas no son un fin en sí mismas y que tampoco pueden serlo, ya que únicamente tienen sentido al interior de la comunidad de discípulos, cuando exaltan y reconocen a Jesús como Señor y, por eso mismo, edifican a toda la iglesia y alimentan el cumplimiento de la misión integral del pueblo de Dios.

El quehacer permantente

De la discusión precedente, ha quedado claro que los creyentes no deben ignorar el valor que tiene la presencia y el poder del Espíritu para la vida y el testimonio de las iglesias de las que ellos forman parte. Y ha quedado claro, además, que el criterio para conocer si un discurso inspirado procede o no de parte de Dios, no es tanto la espectacularidad o lo extraordinario de aquel, sino la confesión y exaltación de Jesús como Señor. No se puede ignorar, entonces, la necesidad que tienen los creyentes y las iglesias de que la persona y obra del Espíritu sean realidades permanentes en sus vidas y en su testimonio, ya que sin el poder del Espíritu, la experiencia cristiana y la misión de la iglesia serían tierras áridas y manantiales sin agua.

En tal sentido, más allá de los distintos puntos de vista teológicos que se tienen sobre la vigencia o no de los dones espirituales para este tiempo, todos necesitamos del Espíritu para crecer integralmente como discípulos del Dios de la vida y para cumplir con la misión encomendada a toda la iglesia. Como lo ha señalado un autor: «Puede ser el Espíritu Santo el último artículo del Credo, pero en el Nuevo Testamento es el primer hecho de la experiencia» (Newbigin 1961: 124). Esto es así porque, como lo puntualiza en otro momento este mismo autor, los escritores del Nuevo Testamento:

> [...] señalan el don del Espíritu Santo como un evento del que no puede dudarse y lo tratan como elemento determinante y decisivo por el cual se constituyó la iglesia. El Espíritu viviente nos incorpora en Cristo, y donde él está, está la vida y el poder de Dios (Newbigin 1961: 127–128).

Y, por esa misma razón, los creyentes de este tiempo —y de todos los tiempos— no tienen que limitar la obra del Espíritu a la conversión y al fruto del Espíritu, ya que si bien estos son necesarios y vitales para el inicio de la vida cristiana y como señal visible de madurez en la fe, esto no niega ni anula la realidad de la presencia de los dones del Espíritu en el seno de las comunidades de discípulos dispersas a lo largo y ancho del mundo.

Una realidad que puede explicar por qué las iglesias que afirman la plena vigencia de los dones del Espíritu para este tiempo, representan actualmente el sector más dinámico, vigoroso y creciente de la comunidad evangélica alrededor del mundo. Como lo ha precisado Newbigin: «Hay que tomar en serio la verdad que la iglesia es una comunión en el Espíritu Santo y que no se trata de una mera cifra, o de un nombre abstracto, sino del mismo Dios vivo» (Newbigin 1961: 136).

13
EL ORIGEN DE
LOS DONES ESPIRITUALES

Ahora bien, hay diversidad de dones, pero el Espíritu es el mismo. Y hay diversidad de ministerios, pero el Señor es el mismo. Y hay diversidad de operaciones, pero Dios, que hace todas las cosas en todos, es el mismo.

1 Corintios 12.4–6

Ya se ha señalado en diversos momentos que las iglesias pentecostales sostienen que los dones del Espíritu están vigentes en este tiempo y que son el combustible indispensable y el ingrediente necesario para el cumplimiento de la misión encomendada a los discípulos de ir por todo el mundo anunciando —con palabras y hechos— la buena noticia del reino de Dios a todos los auditorios humanos. Pero, ¿cuál es el origen de los dones del Espíritu? ¿Los dones del Espíritu provienen del entusiasmo humano, de la efervescencia religiosa o del contagio colectivo en una situación de elevada emotividad? Para el apóstol Pablo estaba claro que el origen de los dones espirituales no se encontraba ni en la voluntad humana ni en el entusiasmo religioso de los creyentes. Para él los dones espirituales se originaban en el Dios Trino y Uno. Así lo indicó a mediados del primer siglo cuando escribió la epístola que conocemos como *1 Corintios*, particularmente en 1 Corintios 12.4–6, un texto bíblico que tiene un claro marco Trinitario y en el que se trata sobre la diversidad de los dones, la unidad en la diversidad y el origen único de los dones[29].

La diversidad de los dones

La existencia de una diversidad de dones o carismas del Espíritu al interior de la comunidad de discípulos es uno de los temas que está presente en esta sección de *1 Corintios*. La palabra griega *charisma* o *járismata*, traducida al español como 'dones', significa algo que se ha recibido gratuitamente sin merecerlo, algo que se le da a un individuo que no ha hecho ningún mérito o esfuerzo para recibirlo, sino que proviene de la gracia de Dios y nunca podría haber sido logrado ni poseído por la simple voluntad humana o el deseo ferviente de una persona. ¿Qué significa esta diversidad? ¿Cuáles son las consecuencias pastorales y misioneras de ese hecho para la comunión cristiana?

En *Primera de Corintios* se repite hasta en tres ocasiones la palabra *diversidad* (1Co 12.4–6). En cada caso, esta palabra, está acompañada de términos específicos como dones, ministerios y operaciones. Aunque se podría argumentar

---

29 No se trata de un «enunciado formal de la doctrina de la Trinidad, sin embargo, pasajes como este son distintivamente Trinitarios en su carácter» (Morris 1985: 166).

que cada uno de los términos que el apóstol Pablo utiliza en 1 Corintios 12.4–6 —dones (*cárisma*), ministerios (*diakonía*), operaciones (*enérgema*)— se refiere a asuntos bastante diferentes entre sí. Sin embargo, el contexto en el que están situados indica que se trata de distintas formas de referirse a un único tema. En este caso, todos estos términos o palabras tendrían la connotación más precisa de manifestaciones del Espíritu (Fee 1994: 664).

Los dones espirituales, cuya presencia es diversa en el seno de la comunión cristiana, tienen un mismo origen, brotan de una misma fuente o tienen una raíz común. Esta afirmación explica por qué cuando el apóstol Pablo se refiere a la diversidad de los dones precisa que todos ellos provienen o proceden de un mismo *Pneuma* (Espíritu), de un mismo *Kyrios* (Señor) y de un mismo *Theos* (Dios)[30]; lo que indica que su perspectiva teológica es claramente Trinitaria, ya que está hablando del Padre (Dios) del Hijo (Señor) y del Espíritu Santo (Espíritu).

En otras palabras, los dones espirituales tienen su origen en el Dios Trino y Uno: *Pneuma-Kyrios-Theos* o Espíritu-*Señor-Dios*. Así que, por un lado está la base bíblica que puntualiza que los dones espirituales no son simples expresiones humanas producto de una elevada temperatura emocional o de un intenso fervor religioso, y, por otro, la consecuencia pastoral que subraya que una nota distintiva o una característica visible de la comunión cristiana es la existencia de una diversidad de carismas o dones del Espíritu, en lugar de una uniformidad que tiende a la rutina y a la monotonía.

---

30 Desde la perspectiva de un autor: «Las actividades divinas pueden ser múltiples, sin embargo, se trata del mismo Dios [...] quien provee los dones en su diversidad» (Morris 1985:166).

La consecuencia pastoral y misionera de la existencia de una diversidad de dones espirituales en el seno de las congregaciones cristianas está en el hecho de que se remarca que no todos los creyentes tienen una misma tarea al interior de una congregación y que la diversidad es esencial para que haya una iglesia saludable. Esto exige de los miembros de una iglesia, que sean responsables en la administración de los dones que han recibido y también respetuosos de la tarea o del encargo que tienen sus hermanos en la fe, cuyos dones son tan valiosos y necesarios para la salud integral de toda la comunidad de discípulos, como lo es el don que él o ella tienen debido solamente a la misericordia de Dios.

Unidad en la diversidad

La unidad en la diversidad está planteada en la relación estrecha que se establece entre las frases reiterativas *hay diversidad* y *pero [...] es el mismo* (1Co 12.4–6). Esta fórmula reiterativa aparece hasta en tres ocasiones en 1 Corintios 12.4–6, un hecho que indica que se trata de una idea central o medular dentro del argumento del apóstol Pablo.

Ya se ha subrayado en otro momento que el Dios Trino y Uno es el origen de los dones espirituales, pero en el texto bíblico se indica, además, que la diversidad tiene también su origen en Dios mismo. Consecuentemente, la diversidad de los dones espirituales al interior de una congregación no es una señal de debilidad o de sequedad espiritual, sino un indicativo de vitalidad y una señal visible de que la iglesia está sana. Y esa diversidad necesaria no debilita ni el testimonio común ni la unidad interna de la iglesia como Cuerpo de Cristo, puesta en el mundo para dar testimonio del poder del evangelio que libera a los seres humanos de todas las opresiones.

La diversidad de los dones espirituales al interior de una congregación local no está reñida ni se contrapone con la realidad de la unidad cristiana. El compañerismo en Cristo ha derribado todas las barreras sociales, culturales, económicas y raciales (Col 3.11). En tal sentido, la comunión o *koinonia* —pertenencia y mutua participación— cristiana, está por encima de todas las diferencias humanas. La presencia de los dones espirituales en el seno de una iglesia constituye una señal visible de la *koinonia* del Espíritu, es decir, del compañerismo cristiano que se fortalece y profundiza en la diversidad, ya que la uniformidad, cuyas consecuencias inmediatas son la rutina y la monotonía que matan la riqueza de la diversidad, no contribuye a la edificación de la iglesia.

En cambio, la diversidad de los dones espirituales, sí garantiza la existencia de una iglesia sana. Esto es así porque la diversidad tiene sus raíces en el mismo Dios, y por esa razón, infunde vitalidad al Cuerpo de Cristo y vigoriza la comunión cristiana.

Así que la diversidad de los dones, regalos divinos que cada creyente tiene que disfrutar como un ingrediente necesario de la experiencia cristiana, es un claro indicativo de salud espiritual. La presencia de los dones en el seno de una congregación cristiana mide la temperatura espiritual de los miembros y explica la fortaleza que esta tiene para cumplir con su encargo misionero. La diversidad no destruye ni lesiona la unidad, sino edifica a una congregación porque permite, por un lado, que cada miembro participe activamente en la vida y misión de una iglesia local, y por otro, que se trabaje en compañerismo con otros creyentes, dejando a un lado las aventuras individuales y el protagonismo personal. Consecuentemente, la diversidad de los dones espirituales coadyuva al trabajo colectivo y fortalece la unidad de la iglesia.

El origen único de los dones

La presencia de los dones espirituales en el seno de una comunidad de discípulos no es el reflejo de simples reacciones humanas de creyentes afectados por la elevada temperatura espiritual de sus reuniones colectivas o el resultado de una hábil manipulación de las emociones religiosas.

Como lo indica Pablo en su *Primera Epístola a los Corintios*, los dones espirituales tienen un único origen, proceden de una misma fuente, tienen su raíz en el Dios Trino y Uno, lo que está sumamente claro en la utilización de la fórmula reiterativa: *el Espíritu es el mismo* (1Co 12.4); *el Señor es el mismo* (1Co 12.5), *Dios, que hace todas las cosas en todos, es el mismo* (1Co 12.6). Consecuentemente, se puede afirmar sin riesgo de equivocarse que los dones espirituales cuya diversidad está claramente indicada en 1 Corintios 12.4–6, tienen un mismo origen o una raíz común, ya que proceden de una misma fuente: Del Dios Trino y Uno.

Así lo puntualiza el apóstol Pablo a lo largo del capítulo 12 de la *Primera Epístola a los Corintios* (1Co 12.6, 7, 11, 18, 24, 28). Un examen de todos estos textos bíblicos revela que el énfasis está en la variedad de los dones y en su origen divino. Además, revela que en el argumento del apóstol Pablo, la perspectiva Trinitaria —Padre, Hijo, Espíritu Santo— es clave para captar la intención correctiva que él tenía en mente cuando escribió la mencionada epístola.

En tal sentido, no se debe olvidar que ciertos creyentes de Corinto, habiendo valorado en exceso el don de lenguas, argumentaban que ellos tenían un nivel espiritual superior porque hablaban el idioma de los ángeles. Sin embargo, para el apóstol Pablo, las experiencias extáticas —los discursos inspirados— no eran un fin en sí mismos, ya que, como se ha puntualizado en otro momento, las experiencias extáticas solo tienen sentido en el seno de la comunidad de discípulos cuando exaltan al Señor Jesús y, por eso mismo, edifican integralmente a toda la iglesia. El tema de los dones espirituales no es, entonces, un asunto secundario o de escasa trascendencia para la salud interna de la iglesia y para su testimonio público.

Lo que tiene que estar claro es que Dios ha dado los dones espirituales para la salud integral del Cuerpo de Cristo. En tal sentido, a todos nosotros nos corresponde tener suficiente información bíblica respecto al origen de los dones y al propósito de los mismos, ya que solamente así nuestro testimonio cristiano será eficiente y efectivo en las sociedades humanas en las que se tiene que proclamar que **sólo Jesús es el Señor.**

Acción permanente

Los expertos en Sagradas Escrituras pueden diferir en cuanto a la vigencia o no de los dones del Espíritu para este tiempo. Unos pueden argumentar que solamente fueron necesarios para la expansión misionera inicial de la iglesia cristiana en el primer siglo y que luego desaparecieron. Otros pueden admitir que, de cuando en cuando, estos se manifestaron en ciertos momentos de la historia de la iglesia, particularmente al interior de los movimientos de renovación espiritual. Sin embargo, cualquiera sea la opinión que se tenga sobre la vigencia o no de los dones del Espíritu, difícilmente se puede diferir sobre el origen de estos. Aquí todos estarían de acuerdo en afirmar que los dones del Espíritu provienen del Dios Trino y Uno. Pero esa misma afirmación levanta preguntas que no todos responden de la misma manera: Si los dones espirituales proceden del Dios Trino y Uno que la iglesia siempre ha confesado y exaltado cualquiera sea la realidad histórica en la que se ha encontrado, ¿por qué ese mismo Dios que acompañó a la primera generación cristiana con manifestaciones visibles de su poder, otorgándoles dones del Espíritu, no puede hacer lo mismo en este tiempo? ¿Será totalmente cierto que actualmente ya no son necesarios los dones del Espíritu y que únicamente es necesario y vigente el fruto del Espíritu para que la iglesia y los creyentes puedan cumplir fielmente con la misión integral que les ha sido encomendada?

Una desapasionada observación de los efectos visibles que tiene el testimonio de las iglesias evangélicas más dinámicas, puede demostrar que detrás de ese dinamismo, no se encuentra ningún poder humano. Y puede demostrar que ese hecho innegable no se explica necesariamente por la gestión administrativa eficiente y eficaz de sus pastores y líderes más destacados o por la aplicación de una fórmula o una receta estratégica novedosa. Lo que está detrás, qué duda cabe, es la persona y obra del Espíritu santo tal como estuvo presente en la primera generación cristiana.

¿Quién sino el Espíritu puede impulsar a los pobres y oprimidos del mundo para que en medio de las crisis sociales, políticas y económicas, tengan un mensaje de vida que proclamar y que en medio de contextos históricos de violencia tengan una terca esperanza en el triunfo final de la vida sobre la muerte? Precisamente esto es lo que ocurre en el sur del mundo, una región en la que las fuerzas de la muerte parecen tener la última palabra, pero en la que existen también testigos-mártires del Dios de la vida, quienes impulsados por el Espíritu de la vida, aman y defienden la vida.

14
LOS DONES ESPIRITUALES EN LA IGLESIA

Pero a cada uno le es dada la manifestación del Espíritu para provecho. Porque a éste es dada por el Espíritu palabra de sabiduría; a otro, palabra de ciencia según el mismo Espíritu; a otro, fe por el mismo Espíritu; y a otro, dones de sanidades por el mismo Espíritu. A otro, el hacer milagros; a otro profecía; a otro, discernimiento de espíritus; a otro, diversos géneros de lenguas; y a otro, interpretación de lenguas. Pero todas estas cosas las hace uno y el mismo Espíritu, repartiendo a cada uno en particular como él quiere.

1 Corintios 12.7–11

El culto pentecostal, una fiesta del Espíritu que se caracteriza por los cantos alegres y las oraciones espontáneas de los creyentes, tiene también como uno de sus ingredientes esenciales la presencia de los dones espirituales, cuya diversidad da un sabor especial a las reuniones colectivas. La diversidad de los dones espirituales está claramente indicada en la relación que el apóstol Pablo ha registrado en 1 Corintios 12.7–11, precisamente el texto bíblico que se examinará en esta sección del libro.

De una lectura exhaustiva de este pasaje, se desprenden tres temas principales conectados entre sí. En primer lugar, varios asuntos generales o un panorama general del tema de los dones. En segundo lugar, las ideas centrales que hilvanan el argumento del apóstol Pablo respecto al tema de los dones. En tercer lugar, una lista representativa de nueve dones espirituales. Pero ¿cuál es la característica especifica de cada uno de estos nueve dones? ¿Para qué son útiles en la comunidad de discípulos y, particularmente, durante el culto común y para cumplir con la misión encomendada?

Asuntos generales

En toda discusión relacionada con el tema de los dones espirituales, varios asuntos generales tienen que ser considerados. Así, por ejemplo, se requiere tener un panorama bíblico o una visión de conjunto de las referencias bíblicas sobre el tema de los dones espirituales.

En el Nuevo Testamento, además de 1 Corintios 12.8–10, un pasaje en el que se mencionan nueve dones espirituales, existen tres pasajes bíblicos en los que se trata directamente sobre este tema fundamental para el testimonio integral de las iglesias cristianas (1Co 12.28–30; Ro 12.6–8; Ef 4.7–12). En cada uno de estos textos bíblicos, aparece una relación de dones espirituales en la que se mencionan otros dones distintos a los que se encuentran registrados en 1 Corintios 12.8–10, lo que indica que la relación de 1 Corintios 12.8–10 no es una relación única o completa. Veamos:

1 Corintios (12.8-10)	1 Corintios (12.28-30)	Romanos (12.6-8)	Efesios (4.11)
Palabra de sabiduría	Apóstoles	Profecía	Apóstoles
Palabra de ciencia	Profetas	Servicio	Profetas
Fe	Maestros	Enseñanza	Evangelistas
Sanidades	Milagros	Exhortación	Pastores
Milagros	Sanidades	Repartir	Maestros
Profecía	Ayuda	Presidir	
Discernimiento de espíritus	Administración	Misericordia	
Géneros de lenguas	Lenguas		
Interpretación de lenguas	Interpretación		

En *Romanos*, utilizando la analogía del cuerpo humano (Ro 12.4–5) y precisando que los dones tienen su origen en Dios (Ro 12.6), se trata también sobre la diversidad de estos (Ro 12.6) y se enfatiza que el propósito de los dones es la edificación de la iglesia como cuerpo de Cristo (Ro 12.4–8). En Efesios 4, subrayando el origen divino de los dones, se indica que estos tienen el propósito de *perfeccionar a los santos para la obra del ministerio, para la edificación del cuerpo de Cristo* (Ef 4.12). Además de Pablo, Pedro en una de sus epístolas generales, puntualiza lo siguiente respecto al propósito de los dones espirituales:

> Cada uno según el don que ha recibido, minístrelo a los otros, como buenos administradores de la multiforme gracia de Dios. Si alguno habla, hable conforme a las palabras de Dios; si alguno ministra, ministre conforme al poder que Dios da, para que en todo sea Dios glorificado por Jesucristo, a quien pertenecen la gloria y el imperio por los siglos de los siglos. Amén.
>
> 1P 4.10–11

De este rápido examen panorámico del Nuevo Testamento, respecto al tema de los dones espirituales, se desprenden varias líneas clave para una comprensión más adecuada de la lista de dones registrada en 1 Corintios 12.8–10.

En primer lugar, está claro que no se trata de una lista o de una relación exhaustiva y detallada de los dones espirituales, tampoco de la clase de dones espirituales o del número de ellos. Esto es así porque en el mismo capítulo 12 de esta epístola (1Co 12.28–30), se inserta otra lista en la que se registran dones distintos a los mencionados en 1 Corintios 12.8–10. En segundo lugar, la relación de dones espirituales que se registra en Romanos 12.6–8 y en Efesios 4.11, tiene otros dones espirituales distintos a los que se encuentran tanto en 1 Corintios 12.8–10 como en 1 Corintios 12.28–30, lo que indica que el número de los dones es mucho mayor que los que se mencionan en 1 Corintios 12.

En tercer lugar, está claro que en 1 Corintios 12.8–10, no se está haciendo un tratamiento sistemático de los dones espirituales, principalmente porque allí se encuentra únicamente una lista representativa —no exhaustiva ni detallada— de los dones. En cuarto lugar, la cuestión de fondo o la intención central de ese texto (1Co 12.8–10), no es tanto presentar una lista única y excluyente de los dones, sino subrayar que al interior de las comunidades de discípulos existen diversas manifestaciones del Espíritu Santo (1Co 12.7, 11).

Las ideas centrales

Las dos ideas centrales que están presentes en *Primera de Corintios*, como puentes de contacto entre los nueve dones espirituales que se encuentran enumerados en esta sección (1Co 12.7–11), son el origen común de los dones y la diversidad de estos. Además, una y otra vez, se reitera que los dones espirituales son para beneficio de toda la comunidad de discípulos (1Co 14.12, 26) y no para la gloria personal o para competir unos con otros. La clave de todo ello está en tener suficiente conciencia de que *Dios no es Dios de confusión, sino de orden* (1Co 14.33); y que en el culto común, todas las cosas deben hacerse *decentemente y con orden* (1Co 14.40). Las frases clave respecto al origen de los dones espirituales, tal como se registra en 1 Corintios 12.7–10, son las siguientes: *a cada uno le es dada manifestación del Espíritu para provecho* (1Co 12.7); *a éste es dada por el Espíritu* (1Co 12.8); *a otro [...] según el mismo Espíritu* (1Co 12.8); *a otro [...] por el mismo Espíritu* (1Co 12.9); o simplemente se utiliza la frase, *a otro* (1Co 12.10).

Consecuentemente, el argumento central de todo este pasaje apunta a subrayar el origen común de los dones. Lo que allí se declara es que todos ellos proceden o son dados por el Espíritu. Más aún, según 1 Corintios 12.4–6, los dones espirituales tiene como fuente o raíz común al Dios Trino y Uno: Padre, Hijo y Espíritu Santo.

La diversidad de los dones espirituales indicada en la relación que aparece en 1 Corintios 12.8–10, una lista representativa que sólo contiene nueve dones del Espíritu, no agota ni el número ni las diversas maneras como el Espíritu se manifiesta en el seno de la iglesia, ya que en otras listas consignadas en otros pasajes clave del Nuevo Testamento (1Co 12.28–30; Ro 12.6–8; Ef 4.11) se da cuenta de que existen otros dones no considerados en 1 Corintios 12.8–10.

En otras palabras, desde la perspectiva del Nuevo Testamento, los dones espirituales no son únicamente los nueve dones que están registrados en 1 Corintios 12.8–10, tal como parece haberse entendido en las iglesias pentecostales. Los dones espirituales, las capacidades o actitudes concedidas por el

Espíritu Santo a los creyentes, son más de nueve y tiene como horizonte común la edificación de toda la comunidad de discípulos para que cumpla con la tarea que se les ha encomendado.

¿Existe alguna forma de clasificar o de ordenar los dones espirituales mencionados en 1 Corintios 12.8–10? Al respecto, desde diversos ángulos, se han articulado varios intentos de clasificarlos.

Los dones espirituales

En la primera de las dos listas de dones espirituales registradas en 1 Corintios 12 (12.6–8 y 12.28–30), Pablo enumera nueve dones. Aunque se han propuesto diversas clasificaciones, estos nueve dones, que no son los únicos que existen, según el testimonio de otros documentos del Nuevo Testamento (1Co 12.28–30; Ro 12.6–8; Ef 4.11), pueden ser clasificados en tres grupos[31]: Dones de instrucción (sabiduría y ciencia), dones de poder sobrenatural (fe, sanaciones, milagros) y dones de discurso inspirado (profecía, discernimiento de profecías, lenguas, interpretación de lenguas.

---

31 El teólogo pentecostal Gordon Fee (Fee 1994: 668) indica que otros autores los ordenan en cuatro categorías: Discurso inteligible (sabiduría, ciencia, profecía), poder (fe, curaciones, milagros), discernimiento espiritual y discurso extático (lenguas, interpretación). Indica, además, que la postura pentecostal tradicional hace las siguientes divisiones: Iluminación (sabiduría, ciencia, discernimiento), acción (fe, milagros, curaciones), comunicación (profecías, lenguas, interpretación). Pero un destacado historiador pentecostal (Conn 1966: 56). propone una forma distinta de clasificarlos: Dones de revelación (palabras de sabiduría, palabras de conocimiento y discernimiento de Espíritus), dones de operación (fe, dones de sanidades y hacer milagros), dones de inspiración (profecía, diversos género de lenguas e interpretación de lenguas).

1. Dones de instrucción

La sabiduría (*sofía*) y la ciencia o conocimiento (*gnosis*) fueron bastante populares en una ciudad cosmopolita del mundo griego del primer siglo, como lo era Corinto en ese tiempo. Los creyentes de esa ciudad conocían el lugar que la *sofía* y la *gnosis* tenían tanto en los círculos intelectuales como en el ambiente religioso de Corinto. Sin embargo, para el apóstol Pablo, la *sofía* y la *gnosis* dada por el Espíritu Santo tenían un origen y un propósito distintos de los que se les había dado en los círculos paganos de ese populoso centro urbano. La *sabiduría* y el *conocimiento*, como dones del Espíritu, tenían el propósito de exaltar el señorío de Jesucristo en las reuniones comunitarias de la iglesia.

En tal sentido, *la palabra de sofía o la palabra de sabiduría* (1Co 12.8), como un don del Espíritu, está relacionada con un mensaje o discurso en el que se reconoce que Cristo crucificado es la verdadera sabiduría de Dios (1Co 1.18–25)[32]. Y, de acuerdo con el testimonio apostólico, este reconocimiento lo pueden hacer únicamente aquellos que han recibido el Espíritu Santo, y, por eso mismo, pueden dar testimonio de que Cristo Crucificado —no la retórica o la palabrería humana— es la verdadera sabiduría de Dios (1Co 2.1–5). Por otro lado, *la palabra de gnosis o palabra de ciencia* (1Co 12.8), como un don del Espíritu, parece ser un mensaje o discurso espiritual de tipo revelatorio casi parecido a la profecía (Fee 1994: 671).

---

32 Fee precisa que «el *mensaje de sabiduría* revelado por el Espíritu no es alguna comprensión especial de las *profundidades* o *misterios* de Dios. Más bien es un reconocimiento de que el mensaje de Cristo crucificado es la verdadera sabiduría de Dios, reconocimiento que sólo les llega a aquellos que efectivamente han recibido el Espíritu. Porque solo el Espíritu, dice Pablo, a quien hemos recibido, comprende la mente de Dios y revela lo que él hizo en Cristo (2.10–13)[...]» (Fee 1994: 670).

Relacionando ambos dones, un distinguido líder pentecostal, precisa que la palabra de conocimiento es la revelación de hechos o situaciones, y la palabra de sabiduría es la revelación de soluciones o entendimiento de las situaciones reveladas para resolverlas apropiadamente (Conn 1966: 57). Y un teólogo no pentecostal sostiene que Pablo ciertamente piensa que todo conocimiento y sabiduría que un cristiano tiene proviene del Espíritu. Sin embargo, aquí está hablando de dones especiales, dones que están más allá de *una palabra* de sabiduría o conocimiento; no está hablando de la sabiduría y el conocimiento en sí mismos (Morris 1985: 167).

Como puede deducirse de 1 Corintios 12, la palabra de sabiduría y la palabra de ciencia o conocimiento, dos dones espirituales orientados a la instrucción, estuvieron muy activos en la iglesia de Corinto. Pero, ¿están también activos en la actualidad y tienen vigencia para este tiempo? ¿O fueron dones espirituales reservados y útiles únicamente para los creyentes del primer siglo?

Al respecto, los evangélicos pentecostales afirman que ambos dones tienen vigencia para este tiempo y que están activos actualmente en el seno de las iglesias que dan testimonio del poder de Dios en el escenario de la historia. ¿Acaso no se necesita de una palabra de sabiduría en la que claramente se reconozca y se proclame que Jesús crucificado es la verdadera sabiduría de Dios en este tiempo en el que circulan ofertas y propuestas religiosas de todo tipo que están afectando incluso el testimonio de las iglesias cristianas? ¿Acaso no se requiere de mensajes inspirados de tipo revelatorio para consolar y para edificar a los creyentes en medio de los calvarios de cada día, particularmente, dentro de situaciones críticas de convulsión social y de limitaciones económicas? Sin embargo, el reconocimiento de la vigencia de estos dones y la necesidad que se tiene de ambos para la edificación de la iglesia, no significa que se tiene que dejar a un lado el principio bíblico de que la presencia de estos dones de instrucción tiene que ajustarse también al criterio último de la actividad del Espíritu en el seno de la iglesia: La exaltación de Jesús como Señor.

2. Dones de poder sobrenatural

En 1 Corintios 12.8–10 están enumerados nueve dones espirituales, solamente tres de ellos pueden ser agrupados como dones de poder sobrenatural: fe, curaciones o sanaciones, y milagros. *La fe* como un don dado por el Espíritu (1Co 12.9), parece estar relacionada con la convicción sobrenatural de que Dios manifestará su poder o su misericordia de una manera especial en un caso específico (Fee 1994: 671–672), más allá de toda probabilidad o cálculo humano. Es la fe que «mueve montañas» (1Co 13.2) y que está asociada frecuentemente a los otros dos dones de poder sobrenatural: las sanaciones y los milagros. *El don de sanidades* o curaciones dados por el Espíritu (1Co 12.9), si se tiene en cuenta el testimonio de *Hechos de los Apóstoles*, es la capacidad dada por el Espíritu de sanar en el nombre de Jesús a los enfermos de todo tipo.

Al respecto, este libro tiene varios ejemplos de la práctica del don de sanidades en la iglesia primitiva (Hch 3.2–10; 5.14–16; 8.4–7; 9.32–35; 9.36–42)[33]. *El don de hacer*

---

33 Desde el inicio de la expansión de la iglesia primitiva, Lucas, el autor humano de Hechos, resume en varios pasajes esta nota distintiva del testimonio público de la iglesia. Lucas menciona, después del descenso del Espíritu Santo el día de Pentecostés, que «muchas maravillas y señales eran hechas por los apóstoles» (Hch 2.43). Y, un poco más adelante, señala que «por la mano de los apóstoles se hacían muchas señales y prodigios

milagros o actos de poder (1Co 12.10), como un carisma del Espíritu, probablemente se refiera a todos los demás tipos de actividad sobrenatural fuera del sanar a los enfermos (Fee 1994: 673), incluyendo la liberación de los poderes espirituales malignos. Particularmente, a diferencia de la mayoría de los otros evangélicos, los evangélicos pentecostales consideran que estos tres dones de poder sobrenatural son vigentes para este tiempo, y tienen que manifestarse en el seno de las iglesias cristianas como señales visibles del poder de Dios. En la experiencia cotidiana de estas iglesias localizadas principalmente en las zonas pobres, estos dones se manifiestan con frecuencia juntos en las reuniones públicas de los creyentes, o en determinada circunstancia en la que se requiere sanar a un enfermo o liberar de un espíritu maligno a una persona.

¿Necesitamos estos dones del Espíritu para que las iglesias cristianas cumplan con su misión de proclamar la buena noticia del reino de Dios a todos los seres humanos, una misión integral que apunta a la atención de todas las necesidades humanas y cuyo horizonte es revertir el destino de los pobres y de los oprimidos y forjar una nueva humanidad en Cristo Jesús en la que desaparecen todas las diferencias usuales en las sociedades humanas? No se necesita discutir la vigencia o no vigencia de estos dones para este tiempo. Sería ocioso hacerlo, especialmente en un contexto en el que el acceso a la salud es un privilegio para unos cuantos en un mundo

---

en el pueblo» (Hch 5.12). Una lectura de estos pasajes revela que Lucas se refiere específicamente a sanidades, milagros y liberación de espíritus malignos. Más aún, según Lucas la iglesia primitiva fue consciente de esa realidad, ya que en la oración registrada en Hechos 4 se menciona que ellos pidieron que el Señor extendiera su mano «para que se hagan sanidades y señales y prodigios mediante el nombre de Jesús» (Hch 4.30).

cada día más excluyente y en un marco temporal en el que los seres humanos necesitan ser liberados de innumerables opresiones individuales y estructurales. Los dones de poder sobrenatural (fe, sanaciones y milagros), son tan necesarios en este tiempo, como lo fueron en los siglos pasados y, particularmente, durante el período de expansión de la iglesia primitiva en el primer siglo.

3. Dones de discurso inspirado

Cuatro de los dones espirituales registrados en Primera de Corintios 12.8–10 pueden ser considerados como dones de discurso inspirado: profecía, discernimiento de profecías, lenguas, interpretación de lenguas. *La profecía* como un don del Espíritu (1Co 12.10), no es un sermón o una predicación previamente preparada, sino un mensaje espontáneo inspirado por el Espíritu, dado oralmente en la congregación local para edificación de ella.

Los profetas, como en el tiempo del Antiguo Testamento, hablaban al pueblo de Dios inspirados por el Espíritu (Fee 1994: 673). Y se daba por sentado que ellos tenían dominio de sí mismos (1Co 14.29–33). *El discernimiento de espíritus* o la capacidad de distinguir los espíritus (1Co 12.10), como se señala en 1 Corintios 14.29, se refiere a la actividad de examinar, diferenciar y juzgar apropiadamente las profecías (Fee 1994: 675). Tiene dos posibles connotaciones: por un lado, la capacidad de distinguir lo que procede de Dios y lo que procede de otros espíritus (1Jn 4.1); por otro, la capacidad de juzgar las palabras de los profetas durante las reuniones públicas o el culto común de la iglesia (1Co 14.29; 1Ts 5.21). *Los diversos géneros de lenguas* como un don del Espíritu (1Co 12.10), se refiere a los discursos inspirados por el espíritu (1Co 12.7, 11; 14.2) o a la capacidad de hablar una lengua no conocida por quien la habla (1Co 14.2, 4–5, 13–19)[34]. La persona que tiene este don alaba a Dios y ora con palabras inspiradas por el Espíritu.

De acuerdo con 1 Corintios 14.27–28, las personas que hablan estas lenguas, no están en éxtasis o fuera de control (1Co 14.26–27), ya que ellas pueden hablar por turnos para que otros interpreten (1Co 14.27). Además, según Pablo, las lenguas son ininteligibles tanto para la persona que habla (1Co 14.14) como para los que escuchan (1Co 14.16), excepto que haya intérprete en el seno de la comunidad de discípulos (1Co 14.2–5, 26–27). *La interpretación de lenguas* como un don del Espíritu (1Co 12.10), no es exactamente una traducción de lo ininteligible para el que habla y para el que escucha; se trata más bien de la capacidad de poner en palabras lo que ha dicho el que habló en lenguas o la habilidad de conocer lo que significa lo que se dice en lenguas.

El propósito de esta manifestación del Espíritu está relacionado con la edificación de la iglesia (1Co 14.4–5, 12, 26). Este don puede ser dado a la persona que habla en lenguas o a otra persona de la comunidad de discípulos (1Co 14.13).

De acuerdo con 1 Corintios 12–14, los cuatro dones de discurso inspirado son necesarios, principalmente, para la edificación de la iglesia y como medios de testimonio público. Cuando se manifiestan durante las reuniones públicas o en el culto común de la iglesia, según el consejo apostólico, tiene

---

34 Las denominaciones pentecostales más antiguas como las Asambleas de Dios y la Iglesia de Dios, siguiendo lo que se registra en Hechos (2.1–13; 10.44–47: 11.15; 19.1–6) que para ellos son pasajes didácticos y no meramente narrativos, afirman que hablar en lenguas constituye la evidencia física visible del bautismo con o en el Espíritu Santo.

que haber un orden en la asamblea de los creyentes y cada uno tiene que ejercer dominio de sí mismo. De esa manera, como lo advierte el propio apóstol Pablo, las reuniones comunes serán ordenadas y decentes, evitándose así la confusión y el desorden en el seno de la iglesia.

Precisamente, el sostener que los cuatro dones del discurso inspirado están plenamente vigentes en este tiempo y son necesarios para preservar la vitalidad misionera de la iglesia y para potenciar el testimonio público de los creyentes en todos los espacios sociales y en todas las fronteras culturales, es uno de los puntos críticos por el que los evangélicos pentecostales se diferencian de los demás evangélicos, como los bautistas y presbiterianos, entre otros.

Para los evangélicos pentecostales, la presencia habitual de estos dones en los cultos que ellos celebran —cultos en los que se reúnen mayormente los crucificados del mundo y los excluidos por el sistema económico predominante— le de da un sabor especial a ese tiempo que puede llamarse también la fiesta del Espíritu. La presencia de estos y de los otros dones del Espíritu, indica que el Dios de la vida camina al lado de ellos, los acompaña en la cotidianidad de su existencia, los recibe y los atiende en un mundo en el que ellos son puestos a un lado para formar parte de la basura social que el sistema expectora. Para las víctimas del sistema que se han encontrado con el Dios de la vida, el Espíritu es comprendido —como lo fue para Pablo— como «la forma en la que Dios está presente actualmente en el seno de su Pueblo» (Fee 1999: XXIII).

La tarea permanente

Aunque, tanto las dos listas de 1 Corintios 12 como las de Romanos 12 y Efesios 4, no son exhaustivas, completas o detalladas de la forma en que el Dios Trino y Uno manifiesta su presencia y su poder en el seno de su Pueblo enviado al mundo como testigo de la buena noticia del reino de Dios, los dones del Espíritu que en ellas aparecen son tan necesarios en este tiempo como lo fueron para la primera generación cristiana.

Al respecto, el hecho de creer o no creer en la vigencia del don de lenguas para este tiempo —quizás el don más controvertido para aquellos que no pertenecen a la familia pentecostal— no es un asunto medular, ya que lo central es —más que meramente hablar en otras lenguas— si uno cree o no cree en la presencia y el poder del Espíritu que acompaña al Pueblo de Dios en misión con señales, maravillas y prodigios.

Cierto es que para denominaciones pentecostales como la Iglesia de Dios o las Asambleas de Dios, hablar en otras lenguas bajo la dirección del Espíritu Santo, constituye la señal física inicial de que uno ha sido bautizado con el Espíritu Santo. Sin embargo, que un creyente de otra denominación evangélica no tenga esa experiencia, que según los pentecostales le da poder para el servicio, no descalifica su condición de discípulo puesto en una realidad histórica concreta para dar testimonio de lo que ha visto y oído. Por ello, como tal, puede esperar que su testimonio esté acompañado de señales visibles del poder de Dios, cuya acción no se limita a las iglesias pentecostales, ya que el Espíritu se mueve soberanamente llamando, formando, acompañando e impulsando a la misión. Es él quien ensancha el horizonte de la misión, para que los discípulos llenos del Espíritu, transiten las nuevas rutas que se van abriendo para que discurra la buena nueva de salvación.

15

EL PROPÓSITO DE LOS DONES ESPIRITUALES

Porque así como el cuerpo es uno, y tiene muchos miembros, pero todos los miembros del cuerpo, siendo muchos, son un solo cuerpo, así también Cristo. Porque por un solo Espíritu fuimos todos bautizados en un cuerpo, sean judíos o griegos, sean esclavos o libres; y a todos se nos dio a beber de un mismo Espíritu. Además, el cuerpo no es un solo miembro, sino muchos. Si dijere el pie: Porque no soy mano, no soy del cuerpo, ¿por eso no será del cuerpo? Y si dijere la oreja: Porque no soy ojo, no soy del cuerpo, ¿por eso no será del cuerpo? Si todo el cuerpo fuese ojo, ¿dónde estaría el oído? Si todo fuese oído, ¿dónde estaría el olfato? Mas ahora Dios ha colocado los miembros cada uno de ellos en el cuerpo, como él quiso. Porque si todos fueran un solo miembro, ¿dónde estaría el cuerpo? Pero ahora son muchos los miembros, pero el cuerpo es uno solo. Ni el ojo puede decir a la mano: No te necesito, ni tampoco la cabeza a los pies: No tengo necesidad de vosotros. Antes bien los miembros del cuerpo que parecen más débiles, son los más necesarios; y a aquellos del cuerpo que nos parecen menos dignos, a estos vestimos más dignamente; y los que en nosotros son menos decorosos, se tratan con más decoro. Porque los que en nosotros son más decorosos, no tienen necesidad; pero Dios ordenó el cuerpo, dando más abundante honor al que le faltaba, para que no haya desavenencia en el cuerpo, sino que los miembros todos se preocupen los unos por los otros. De manera que si un miembro padece, todos los miembros se duelen con él, y si un miembro recibe honra, todos los miembros con él se gozan. Vosotros, pues, sois el cuerpo de Cristo, y miembros cada uno en particular.

1 Corintios 12.12–27.

Los dones espirituales son para la edificación de la iglesia. El amor es el camino a través del cual los dones espirituales tienen que funcionar. La competencia para demostrar que un don espiritual es mejor que los demás y la sobreestimación de un don espiritual con respecto a los otros son una negación del amor y, por lo tanto, formas de descalificar la diversidad en la unidad y de destruir la unidad del pueblo de Dios.

Al respecto, la analogía del cuerpo humano, una figura literaria o una metáfora que el apóstol Pablo utiliza para transmitir la perspectiva bíblica sobre el propósito de los dones espirituales al interior de la comunidad de discípulos, tiene la intención de puntualizar que Dios mismo es el autor de la diversidad. Pero la diversidad de los dones espirituales no es un fin en sí mismo, sino que debe funcionar dentro de su unidad esencial. En tal sentido, cada miembro tiene que entender que ha sido colocado en el cuerpo por la voluntad de Dios y, por eso mismo, no puede sobrevalorar o sobrestimar su lugar dentro del cuerpo. En otras palabras, cuando se reúne la iglesia para el culto común y cuando la iglesia está inmersa en la misión, se debe respetar la diversidad de manifestaciones del Espíritu, antes que limitarse a hablar únicamente en lenguas o a enfatizar el valor de uno de los dones en desmedro de los demás.

La analogía del cuerpo humano

En 1 Corintios 12.12–31, Pablo utiliza pedagógicamente una analogía para explicar tanto el lugar de los dones como el propósito de los mismos en el seno de la iglesia. Utiliza el cuerpo humano como una figura del lenguaje para comunicar una profunda verdad espiritual (1Co 12.12, 27). Compara la diversidad que existe en la iglesia con las diferentes partes que componen el cuerpo humano y, de esa manera, explica el propósito de la diversidad de los dones espirituales para la edificación de toda la iglesia (1Co 12.14, 20, 26). Desde su perspectiva, la existencia de diversas manifestaciones del Espíritu en el seno de la iglesia, no anula ni destruye la unidad esencial de ella como cuerpo de Cristo. Enfatiza que todos los miembros del cuerpo son necesarios y útiles para el crecimiento armonioso del mismo, y señala que cada miembro tiene que descubrir cuál es su lugar en el cuerpo y cumplir con la función que le corresponde.

Para el apóstol Pablo, la irresponsabilidad en el cumplimiento de la función asignada afecta a todo el cuerpo, dañando así la salud integral de toda la iglesia. En otras palabras, las responsabilidades internas de cada miembro del cuerpo, tienen un efecto externo que puede embellecer o afear el testimonio de la iglesia. La figura del cuerpo humano, como una analogía para captar la importancia de la diversidad dentro de la unidad esencial, permite entender tanto el lugar de los dones espirituales en el seno de la iglesia como el propósito de estos. En palabras del apóstol Pablo:

> Porque así como el cuerpo es uno, y tiene muchos miembros, pero todos los miembros del cuerpo, siendo muchos, son un solo cuerpo, así también Cristo [...] el cuerpo no es un solo miembro, sino muchos [...] Mas ahora Dios ha colocado los miembros cada uno de ellos en el cuerpo, como él quiso.
>
> 1 Corintios 12.12, 14,18

A la luz de este pasaje, se puede afirmar que la unidad es esencial, y que la diversidad fortalece esa unidad esencial[35]. Ese es el mensaje que el apóstol Pablo transmite en esta sección de 1 de Corintios. En términos prácticos esto significa que la diversidad de las manifestaciones del Espíritu Santo, antes que puntualizar el valor de la uniformidad o la sobrevaloración de una de estas manifestaciones como el hablar en lenguas, indica que el cuerpo funciona correctamente y que no existe desavenencia o desunión en el seno de la iglesia, sino que los miembros todos se preocupan los unos por los otros (1Co 12.25). Y se preocupan los unos por lo otros porque cada uno de los miembros de la iglesia tiene un don que el Espíritu le ha dado para provecho de todo el cuerpo.

Los dones dentro de la iglesia

Una de las ideas centrales de esta sección de *1 Corintios* es que la iglesia es el cuerpo de Cristo (1Co 12.12, 27). La figura literaria que se utiliza para explicar esa realidad es el cuerpo humano. El apóstol Pablo precisa que el cuerpo humano

---

35 Analizando esta sección de 1 Corintios 12, un experto en Nuevo Testamento señala que «la diversidad no es un atributo accidental del cuerpo. Ese es su misma esencia. Ningún miembro puede ser comparado con todo el cuerpo. Ya que el cuerpo tiene muchos miembros que juntos conforman un cuerpo» (Morris 1985: 171).

es una unidad (1Co 12.12, 20) pero tiene diversos miembros (1Co 12.14). Cada miembro tiene una función que contribuye para que todo el cuerpo funcione de una manera adecuada. Desde su punto de vista, ninguna de las partes del cuerpo humano es innecesaria y ningún miembro tiene que interferir en la función que le corresponde a otro miembro (1Co 12.15–20). En tal sentido, precisa que cada miembro debe preocuparse por los otros miembros (1Co 12.25–26), ya que solo así todo el cuerpo crecerá de una manera saludable.

Afirma, además, que la iglesia es una unidad en la que todas las diferencias sociales y culturales han desaparecido: *Porque por un solo Espíritu fuimos todos bautizados en un cuerpo, sean judíos o griegos, sean esclavos o libres; y a todos se nos dio a beber de un mismo Espíritu* (1Co 12.13). Para Pablo, esa unidad esencial, cuya señal visible la constituía la existencia de comunidades de discípulos en la que participaban sin ninguna diferencia judíos y no judíos, así como esclavos y libres, se fortalecía cuando en el tiempo de culto común las diversas manifestaciones del Espíritu tenían como horizonte común la edificación de todo el cuerpo antes que la competencia o el desorden.

La presuposición fundamental era que todos los creyentes entendían que Dios había colocado cada uno de los miembros en el cuerpo, como él quiso (1Co 12.18), pero que en esencia el cuerpo es uno solo (1Co 12.20).

A la luz de esta afirmación, se puede argumentar que la competencia para demostrar que un don era de más valor que el otro o la pretensión de supremacía espiritual por el hecho de tener un don calificado como el más sobresaliente, antes que fortalecer la unidad esencial del cuerpo, destruye esa unidad, ya que las manifestaciones del Espíritu en el seno de la iglesia son para provecho o beneficio de todos los miembros

(1Co 12.7), y no para ser como credenciales de superioridad espiritual, como trofeos religiosos o como un indicativo de tener un favor especial de Dios. Esto tiene que ser así porque los dones espirituales han sido dados para la edificación de toda la iglesia, para el crecimiento de toda la comunidad de discípulos, para fortalecer la vida interna del cuerpo de Cristo y para el testimonio integral del Pueblo de Dios.

La iglesia y el propósito de Dios

La iglesia es el cuerpo de Cristo. La unidad en la diversidad y la diversidad como una señal de unidad son características esenciales de la iglesia. Como lo señaló el apóstol Pablo cuando escribió su *Primera Epístola a los Corintios*: *Vosotros, pues, sois el cuerpo de Cristo, y miembros cada uno en particular* (1Co 12.27). La iglesia, como cuerpo de Cristo, es un solo cuerpo, y dentro de esa unidad esencial, existe una diversidad de manifestaciones del Espíritu Santo, cuyo propósito es fortalecer la unidad esencial de la iglesia[36]. Dios mismo es el autor de esa diversidad (1Co 12.4–6, 11, 18, 28). Pero la diversidad no es un fin en sí misma. La diversidad existe para el apoyo mutuo y para el crecimiento saludable de todo el cuerpo. La diversidad no desune ni torpedea el cuerpo de Cristo. La diversidad fortalece la solidaridad y afianza el amor mutuo. Según Pablo, las manifestaciones del Espíritu en el seno de la comunidad de discípulos, apunta a fortalecer la unidad esencial, ya que son dadas para que *los*

---

36 Como lo ha precisado Gordon Fee: «Para Pablo, la recepción del Espíritu es la condición *sine qua non* de la vida cristiana. El Espíritu es lo que distingue esencialmente al creyente del no creyente [...] El Espíritu es lo que marca de modo especial el inicio de la vida cristiana [...] Por ello es natural que, al referirse a la unidad de ellos en el cuerpo, lo haga en función del Espíritu» (Fee 1994: 682).

miembros todos se preocupen los unos por los otros (1Co 12.25). En consecuencia, *si un miembro padece, todos los miembros se duelen con él, y si un miembro recibe honra, todos los miembros con él se gozan* (1Co 12.26).

Está claro, entonces, que el propósito de Dios es que toda la iglesia crezca tanto en compañerismo como en su comprensión de la actividad del Espíritu Santo, para que su testimonio público sea más visible y más efectivo. Consecuentemente, las manifestaciones del Espíritu tienen que coadyuvar a construir una comunidad de discípulos mucho más comprometida con la tarea de proclamar en todo tiempo y en todo momento el señorío de Jesús en todos los auditorios humanos. Pero, también, la iglesia debe entender que los dones espirituales no son para beneficio de los individuos, sino para provecho de todo el cuerpo de Cristo.

El desafío que de allí se deriva, es la necesidad permanente de reconocer que *Dios ha colocado los miembros cada uno de ellos en el cuerpo, como él quiso* (1Co 12.18). A la luz de este principio bíblico, quedan descartados la vanagloria, el orgullo, la competencia, la superioridad y la sobrestima, subrayándose así que todos los miembros son valiosos y que todos tienen una tarea que cumplir en el seno de la comunidad de discípulos.

La tarea permanente

A la luz de la enseñanza bíblica, la unidad de la iglesia es tanto un don como una tarea permanente. Como lo señaló Pablo en una de sus epístolas: *Solícitos en guardar la unidad del Espíritu en el vínculo de la paz* (Ef 4.3). Esa tarea permanente exige, por un lado, reconocer que a pesar de la diversidad, todos formamos parte de un mismo cuerpo y, por otro, reconocer que la diversidad tiene que apuntar a la edificación de todo el cuerpo antes que a la división o a la competencia.

Las lamentables y hasta escandalosas divisiones que han afectado a lo largo de los años el testimonio de las iglesias cristianas, tienen que servirnos de suficiente advertencia sobre los peligros de buscar la satisfacción egoísta de los intereses personales, tener el control del poder o ser seducidos por la fama y el dinero, dejando a un lado la búsqueda del bien común. 1 Corintios 12.6–31 tiene que servirnos de punto de partida y de modelo permanente para la construcción de comunidades de discípulos en las que el Dios Trino y Uno sea confesado y exaltado, las diversas manifestaciones del Espíritu reconocidas y utilizadas para provecho de todo el cuerpo, y la misión sea valorada y entendida como una tarea común cuya meta sea el crecimiento integral de la iglesia como pueblo de Dios, cuerpo de Cristo y comunidad del Espíritu Santo.

Bibliografía

Alvarez, Carmelo

1992   «Lo popular: clave hermenéutica del movimiento pentecostal». En *Pentecostalismo y Liberación: Una experiencia latinoamericana*. Alvarez Carmelo Ed. San José-Costa Rica: DEI. 89–100.

Barnett, Paul

1988   *The Message of 2 Corinthians*. Leicester-Downers Grove: InterVarsity Press.

Bonilla, Plutarco

1998   «La misión de la iglesia según el libro de los Hechos». *La Biblia en las Américas* No. 5 Vol. 53 (Setiembre–Octubre de 1998): 12–16.

Bosch, David

1993   *Transforming Mission: Paradigm Shifts in Theology of Mission*. Maryknoll, N. Y: Orbis Books.

Bravo, Benjamín

1997   *El fruto del Espíritu: El carácter del cristiano y la misión de la iglesia*. Lima: Ediciones Puma.

Bruce, F.F.

1998   *Hechos de los Apóstoles: Introducción, comentario y notas*. Buenos Aires-Grand Rapids: Nueva Creación-William B. Eerdmans Publishing Company.

2003   «La Epístola a los Gálatas». En *Nuevo Diccionario Bíblico Certeza*. F.F. Bruce *et al*. Barcelona-Buenos Aires-La Paz: Certeza Unida. 528–530.

Conn, Charles

1966   «Glossolalia and the Scriptures». En *The Glossolalia Phenomenon*. Wade H. Horton Ed. Cleveland-Tennessee: Pathway Press: 21–65.

Costas, Orlando

1975   *El protestantismo en América Latina hoy: Ensayos del camino* (1972–1974). San José-Costa Rica: Publicaciones INDEF.

Cox, Harvey

1984   *La religión en la sociedad secular: Hacia una teología postmoderna*. Santander: Editorial SAL TERRAE.

Dayton, Donald

1991   *Raíces Teológicas del Pentecostalismo*. Buenos Aires-Grand Rapids: Nueva Creación-William B. Eerdmans Publishing Company.

Escobar, Samuel

1999   *Tiempo de Misión: América Latina y la misión cristiana hoy*. Santafé de Bogotá-Ciudad de Guatemala: Ediciones Clara-Semilla.

Faupel, William

1996   *The Everlasting Gospel: The Significance of Eschatology in the Development of Pentecostal Thought*. Sheffield. Sheffield Academic Press

Fee, Gordon

1994   *Primera Epístola a los Corintios*. Buenos Aires-Grand Rapids: Nueva Creación-Williams B. Eerdmans Publishing Company.

1999   *God's Empowering Presence: The Holy Espirit in the Letters of Paul*. Peabody-Massachusetts: Hendrickson Publishers.

Foulkes, Francis

2003   «Epístola a los Efesios». En *Nuevo Diccionario Bíblico Certeza*. F.F. Bruce *et al*. Barcelona-Buenos Aires-La Paz: Certeza Unida. 386–388.

Gutiérrez, Gustavo

1986 *La verdad os hará libres: Confrontaciones.* Lima: Instituto Bartolomé de las Casas-Centro de Estudios y Publicaciones.

Hansen, Walter

1994 *Galatians.* Downers Grove-Leicester: InterVarsity Press.

Kistemaker, Simon

2001 *Hechos.* Grand Rapids: Libros Desafío.

Land, Steven

1997 *Pentecostal Spirituality: A Passion for the Kingdom.* Sheffield: Sheffield Academic Press.

López, Darío

2000 *Pentecostalismo y transformación social: Más allá de los estereotipos, las críticas se enfrentan con los hechos.* Buenos Aires: Ediciones Kairós

2002 *El nuevo rostro del pentecostalismo latinoamericano.* Lima: Ediciones Puma.

2004 *La misión liberadora de Jesús: El mensaje del evangelio de Lucas.* Lima: Ediciones Puma.

2004 *La seducción del poder: Los evangélicos y la política en el Perú de los noventa.* Lima: Instituto de Ciencias Políticas, Investigación y Promoción del Desarrollo «Nueva Humanidad».

Mackay, Juan

1964 *El Orden de Dios y el desorden del hombre: La Epístola a los Efesios y este tiempo presente.* México D. F. : Casa Unida de Publicaciones.

Míguez Bonino, José

1995 *Rostros del protestantismo latinoamericano.* Buenos Aires-Grand Rapids: Nueva Creación-William B. Eerdamans Publishing Company.

Morris, Leon

1985 *The First Epistle of Paul to the Corinthians: An Introduction and Commentary*. Leicester-Grand Rapids: InterVarsity Press-William B. Eerdamans Publishing Company.

Newbigin, Lesslie

1961 *La familia de Dios: La naturaleza de la iglesia*. México D. F.: Casa Unida de Publicaciones.

Quevedo, Elida

1999 «Jubileo y celebración de la fe en la experiencia pentecostal». En *Jubileo: La Fiesta del Espíritu. Identidad y Misión del Pentecostalismo Latinoamericano*. Manuel Quintero Ed. Maracaibo-Venezuela. Comisión Evangélica Pentecostal Latinoamericana. 70–79.

Segalla, Giuseppe

1989 *Panoramas del Nuevo Testamento*. Estella (Navarra): Editorial Verbo Divino.

Sepúlveda, Juan

1992 «El crecimiento del movimiento pentecostal en América Latina» En *Pentecostalismo y Liberación: Una experiencia latinoamericana*. Carmelo Alvarez Ed. San José-Costa Rica: DEI: 77–88.

Sott, John

1987 *La nueva humanidad: El mensaje de Efesios*. Downers Grove-Illinois: Ediciones Certeza.

1988 *The Spirit, the Church and the World: The Message of Acts*. Downers Grove: InterVarsity Press.

Thomas, Christopher

2004 *The Pentecostal Commentary on 1 John, 2 John, 3 John*. Cleveland (Ohio): The Pilgrim Press.

Villafañe, Eldin

1996 *El Espíritu Liberador: Hacia una ética social pentecostal latinoamericana*. Buenos Aires-Grand Rapids: Nueva Creación-William B. Eerdmans Publishing Company.